39健康网 / 编

30天“整骨”美形DIY计划

指导专家◎康南
策划◎刘雯娜 刘婷
撰稿◎武秀琴
摄影◎关琦
模特◎陈琼

人民东方出版传媒
東方出版社

Contents

目 录

序言

在还没开始痛之前 改善你的骨骼

腰酸背痛可能是因为身体姿势走样了！我曾经接诊过一位患者，她弯腰捡乒乓球时突然感觉腰部疼痛难忍，当时就不能动了。去医院检查，X线检查结果是腰1—5椎体缘骨质增生。此后多次腰痛，只能吃止痛药缓解。我在门诊中常碰到这种情况。我国腰痛患者占骨科门诊的40%左右。他们中的大多数，是由于腰部长期承受超负荷的压力引起的。最常见的诊断是腰肌劳损。

腰肌劳损是腰背部肌肉在长时间绷紧、拉伸后，出现疲劳形成的损伤性炎症。一旦病灶形成，患者可能会在用力弯腰、扭腰、搬重物时突然发生腰痛。在腰肌劳损的群体中，很大一部分是白领女性。

很多人问我，为什么成天在办公室里工作的人会有腰肌劳损呢？其实女性腰肌劳损正是因为久坐、体力活动少、姿势不正确，尤其是电脑的不断普及更加剧了女性腰肌劳损的发生，这些工作和生活习惯让她们的肌肉缺少支撑力量，加大了脊柱的负担，也造成了脊柱位置不稳定，容易出现脊柱歪斜、变形、骨盆歪斜等问题，最终影响身材。

每次看到高跟鞋鞋跟向里或向外歪斜的女性来就诊，我就感到可惜，她们正在遭遇或者即将遭遇腰痛的困扰，却因为没有明显的器质性病变，不能彻底治疗。还有一些女性因为肩背部疼痛来就诊，多数是因为长期单肩背包造成的肌肉不对称性紧张。如果不及时改善，随着年龄的增长、肌肉力量的减退，腰痛、腰酸、肩膀酸痛等问题将不可避免。

能否为这些已经或者即将面临疼痛的女性提供一个比较全面的改善方法呢？在这本书里，我将和大家一起讨论女性为什么会面临这些情况以及如何通过改善骨骼状态来改善腰酸背痛。当然，首先就是要改变生活习惯。在日常生活和工作中必须保持良好的姿势，长期坐着的人必须保持正确的坐姿。因工作需要长期弯腰的人，必须保持下腰部平坦，使身体重心位于髋关节和足部，这样不易引起腰肌疲劳。像弯腰取物、上下楼梯、负重爬山等活动，均需保持良好的姿势，以便预防腰肌劳损。

康南
北京朝阳医院骨科副主任医师

第一章

姿势可以改变脸型

曾经有人问：我上中学的时候下巴还是尖尖的，怎么工作了之后尖下巴就没有了呢？是不是因为矫正牙齿的关系？

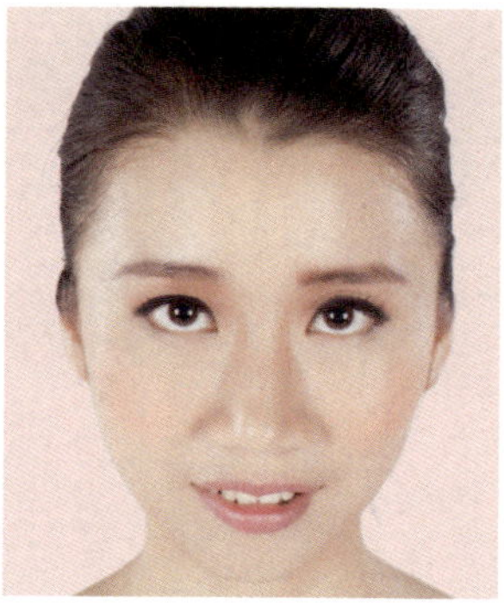

右侧优先型人

笑起来左侧嘴角会先上扬的人，左边脸颊看起来要比右侧脸颊大，这些人在生活中通常习惯用右侧牙齿咀嚼食物，久而久之，右侧的咀嚼肌肉就较左侧发达，形成右侧肌肉紧实，左侧相对松弛的现象。这时候整个脸部就有向右倾斜的趋势。而且，这类型的女性还会出现左侧眼睛较小但眼袋反而比右侧大的问题。有些比较严重一点的，还会出现左侧眼睛稍微向上方斜视，或者鼻子向右倾斜的问题。

这类问题在生活中很常见，我们经常会很奇怪，看小时候的照片发现自己的脸形是有点婴儿肥，但是下巴是尖尖的，到了15岁左右，脸形就发生了变化，腮帮变大，颧骨变高。再看现在，小时候的可爱小脸变成了大脸猫。这是什么原因呢？

其实这是人体骨骼生长的正常变化，当我们处在婴儿期时，头部的大小与身材的比例是不相称的，胎儿各部分发展的顺序应该是：头部—躯干—四肢，所以婴儿出生的时候头占身高的四分之一。婴儿期的我们，虽然体形很小，但眼睛的大小却和成年后差不多，而且在以后的生长发育过程中，婴儿头围的生长速度要明显小于身体的生长速度。

从青少年时期开始，额头和颧骨的特征很少会发生大的改变，这一特征是和体形胖瘦无关的，可以预见的是，虽然我们在15岁以后骨骼还会继续生长发育，但骨骼的形态基本上不会有大的变化了。

那么为什么我们会发现随着年龄的增长，相貌还是在不断地改变呢?

左侧优先型人

左侧优先型人与右侧优先型人相反，在生活中优先使用左侧脸颊，因此表现为和右侧完全相反的特征，即右眼相对偏小，鼻子向左倾斜，笑或者说话的时候嘴唇右侧先上扬，右眼眼袋较大，右脸颊比左脸颊大，而且全脸看上去向左侧倾斜。

因为牙齿和肌肉。

举个常见的例子，对比一些美女明星不同年龄段的照片，时间的痕迹就显露出来了。周慧敏算得上是一个驻颜有术的气质美女了，但是对比她10年前的剧照，能明显看出脸变宽而且棱角更突出。还有大美女李嘉欣，10年前的小脸美女现在颧骨越来越突出，所幸五官长得大气，气质反而更胜以往。

把美容保养当成工作来做的美女们尚且如此，我等普通人更是如此。随着时光的流逝，逐渐会发现法令纹提早出现，脸颊变宽，甚至是一侧脸颊过大等等问题，这些变化多数来自两种原因：一是随着时间的推移，面部轮廓会受到牙齿和脸颊肌肉成长的影响；二是腰部及脊椎部位骨骼的歪斜及不正确的姿势造成脸部骨骼出现轻微的移位。除去因时间造成的老化之外，多数是生活习惯留下的痕迹。

五官要正

先正姿势

要评判一个人的美丑，最基本的标准就是五官端正。五官端正与否与脊柱的位置息息相关。大多数人认为人的身体应该是左右对称的，但是即使是身材很标准的模特也会在摄影时被摄影师提醒：“下巴抬高点”、“右侧肩膀提高一点”……这些就表示，身体其实还是存在歪斜的现象。

你可以观察一下自己的鞋子，左右鞋跟磨损的程度通常是不一样的，如果差异比较明显，说明你的脊柱歪斜已经比较明显了。此外还可以观察夏季穿裙子的时候是不是在不知不觉中就转了边，睡觉的时候是不是腿不自觉地打开，这些现象都是身体已经歪斜的证明。而很多女性认为是性感、优雅表现的单边跷脚，其实也是脊柱歪斜的表现，如果你一坐下就习惯性地跷起左脚，说明你的身体是向右侧倾斜的。

以上所说的这些变化都是来自于脊柱，尤其是腰椎、骨盆以及髋关节骨骼的歪斜。我们的脊柱是由7个颈椎，12个胸椎、5个腰椎，1个骶椎和1个尾椎所组成。对于女性来说，决定身姿的重要部位是髋关节和骨盆。

女性骨盆与髋关节结构

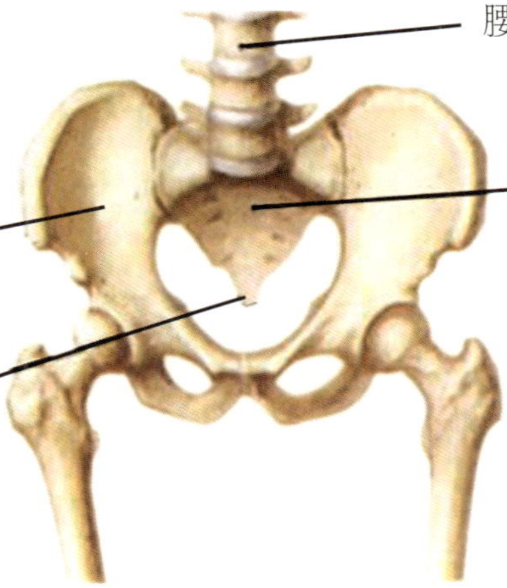

髋关节是连接大腿骨与骨盆的重要关节，主要的功能是支撑上半身，并负责下半身的活动。它的主要特点就是可以向前后左右自由活动，人体能自由活动，如抬腿、走路和弯腰，转动上半身都要使用到髋关节。

骨盆在腰椎的下方，可稳定脊柱，保护膀胱等内脏器官的盆状结构，是形成骨盆腔的基础，由于长得象个钵，因此名为骨盆。骨盆是由骶骨、尾骨以及左右各一的髋骨（由髂骨、耻骨及坐骨结合）所组成。脊椎的末端就是靠着骶骨和髂骨相连，形成骶髂关节，再由许多强而有力的韧带支撑着，而骨盆的前部，则是靠着耻骨联合所连接。

当髋关节处于正常状态时，能够维持骨盆的平衡，当骨盆得以维持平衡状态，就能支持脊柱，进而平稳地弯曲、扭转以及直立并保持姿势不向两侧倾斜。这是决定女性五官是否端正的“骨原因”。

改善对策

纠正你的姿势

我们现在知道了脸部瑕疵从何而来，下一步的行动就是采取措施，改善脊柱状态了。你需要——

1 纠正驼背、二郎腿及用手托脸的不良姿势。

2 用两边牙齿咀嚼食物。

3 平时多做骨盆体操，改善腰部倾斜的状况。

第二章

姿势造就身材

骨架歪斜、重心失衡，不仅仅脸部五官会有不对称的问题出现，还会影响到身材的发展。骨盆发生偏斜的女性常见驼背、小腹凸出、高低肩、下半身肥胖等问题。

脊柱和骨盆
决定身材走向

人的身材的基本态是由脊柱的状态决定的，脊柱是人类日常行动的中心轴，它一方面能给身体提供最大程度的稳定，同时又允许肢体拥有最大的弹性。但是需要注意的是，支撑和活动，这两个功能之间的兼容是有限度的，尤其是当脊柱扭转、弯曲的程度偏离了身体的重心时，就变得不正常，脊柱结构的完整性就会变得脆弱，不正常的压力就会往上或往下分别传到颈椎和腰椎，就会产生不舒服的感觉。

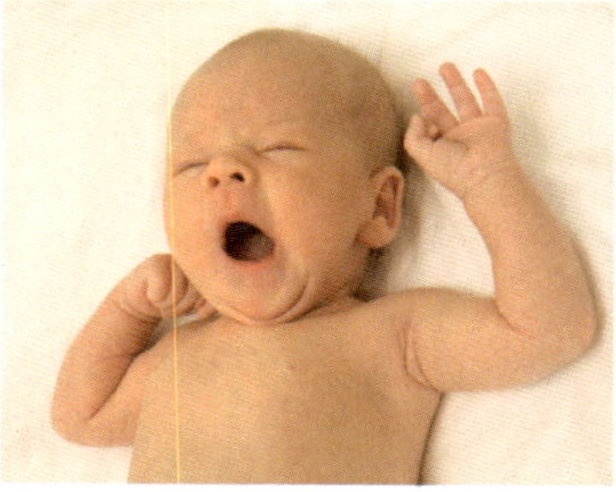

我们可以从婴儿开始观察，新生儿的脊柱是呈现C形的即所谓的“初级弧度”。

当小婴儿在3~4个月学爬，开始有抬头动作后，颈部的曲线就会逐渐形成，我们称之为“次级弧度”。

待小宝贝长到6~8个月，开始学站、学走时，下背的曲线也会发展出来，最后形成两个微弯的S型结构，也就是整个脊柱会有向前的颈部曲线、向后的胸部曲线、向前的腰部曲线和向后的骶尾部曲线。

骨盆（女性）

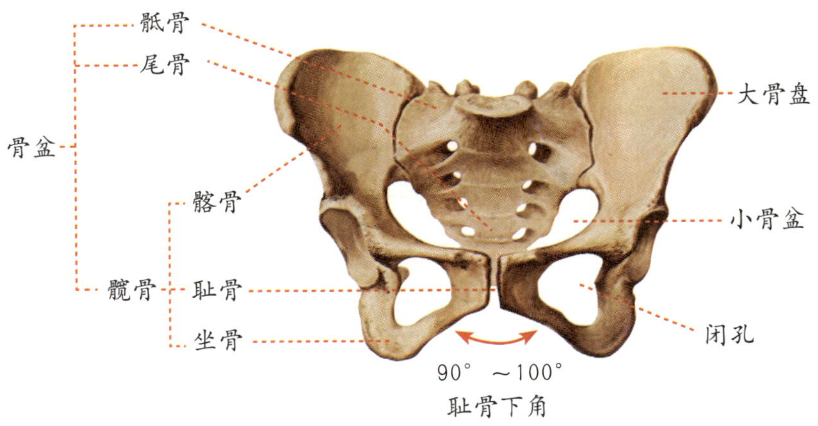

骨盆是由骶骨、尾骨和左右两块髋骨组成的。其中髋骨由髂骨、坐骨和耻骨融合而成，而髋骨的前方在耻骨之间由软骨相连，称为耻骨联合。在分娩的时候耻骨联合稍能松动，为胎儿娩出提供了条件。骶骨由5块骶椎融合而成，尾骨包括4～5块尾椎，骶椎和尾骨借韧带连接成骶尾关节，这个关节活动性很大；在两髋骨与骶骨的耳状面之间形成骶髂关节，这个关节的范围很小。骨盆各部分之间还有两对坚实的韧带，一是连接骶尾骨与坐骨结节之间的骶结节韧带；另一个是连接骶尾骨与坐骨棘之间的骶棘韧带。这4块骨骼，通过韧带、软骨和关节连接在一起组成了骨盆。

骨盆所在的位置有一定的倾斜度，其倾斜的程度对脊柱有着决定性的影响。如果骨盆处于相对平衡、安全的位置，脊柱的曲度也会保持在一个较为均衡的理想位置上。

但当某些因素（如肌力不均，组织紧绷或者不良姿势等）造成骨盆向某一侧倾斜时，脊柱自然直立曲线也会跟着变化，如此一来，不仅其功能会下降，引起伤痛的几率也会增大。

需要注意的是，即使我们有时候会感觉到背部的疼痛、酸痛，去医院做检查，通常也不会在骨骼、肌肉或结构上发现有任何明显的器质异常，多数是功能上的失常。

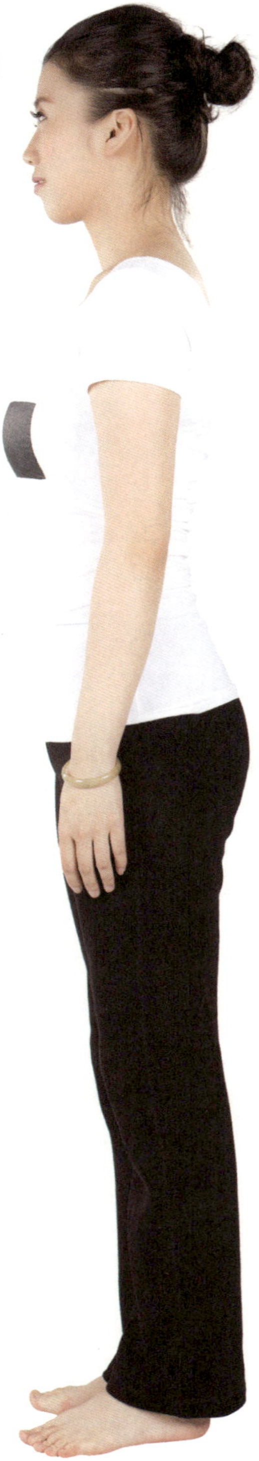

脊柱的全貌

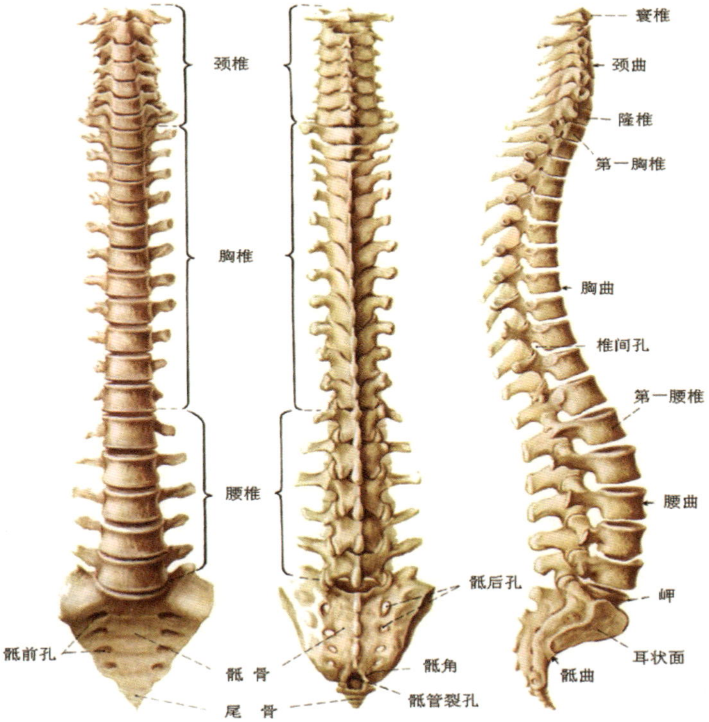

前面　　后面　　侧面

正常的脊柱和骨盆的位置：从前后向来看，整个脊柱的排列应该呈现一笔直的铅垂线。

没有骨盆移位的人，无论是站着还是躺着，左右两肩连线和髂嵴连线一定是水平的，髂嵴连线与脊柱成直角相交，左右下肢长度相等。

脊柱和骨盆
失衡影响身材

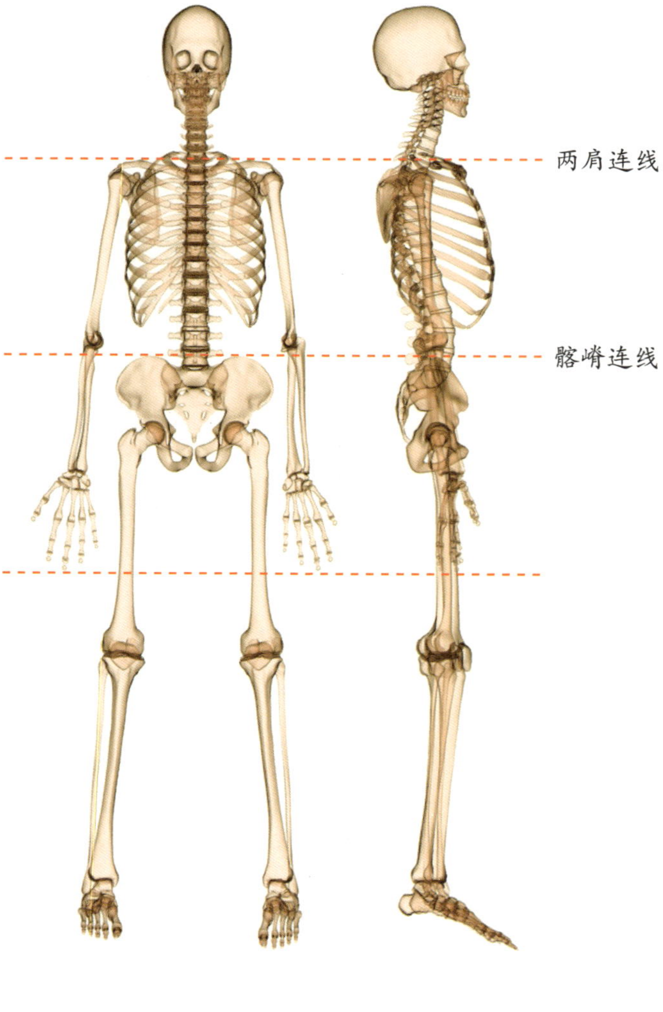

下面我们看一下骨盆移位会怎样影响你的身材?

骨盆移位的第1阶段

当你俯卧的时候，可以发现髂嵴连线和两肩连线为右高左低。由于移位的骨盆向后扭曲，看上去右臀比左臀高，右髋关节内旋，右腿比左腿短。站立或步行时，正常者应该是左右下肢平均担负体重。但此时，右腿变短，为了均衡负重，身体不得不向右倾斜。为了使倾斜的身体不致跌倒，左腿就得担负起一半以上的体重。为了保持全身的平衡，胸、腰段脊椎就得向右侧弯曲，颈部脊椎弯向左侧，致使头向右侧偏斜。髂嵴连线变成左高右低，两肩连线与卧位时相同，由于移位的右侧骨盆向前旋转，因此看上去左侧骨盆比右侧高。右肩受弯向右侧的脊柱的影响，向前方移位，整个身体呈左向螺旋状。

骨盆移位的第2阶段

如果第一阶段状态长期持续，负担过重的左腿逐渐疲劳，在右腿尚能负担的情况下，又逐渐把重心移向右腿，这时，已经内收内旋的髋关节逐渐变成外展外旋，右腿也就随之逐渐变长。由于重心右移，脊柱就又得向左弯曲。然而，已经右弯的脊柱不能复原，只能靠上部脊柱左弯来维持平衡。这就是整个身体呈S状弯曲的原因所在。这样一来，为了保持脊柱上部弯曲的平衡，两肩连线自然地变成左高右低，两肩同时向前倾斜并向右侧扭转，这种体态俗称“水蛇腰”。

骨盆移位的第3阶段

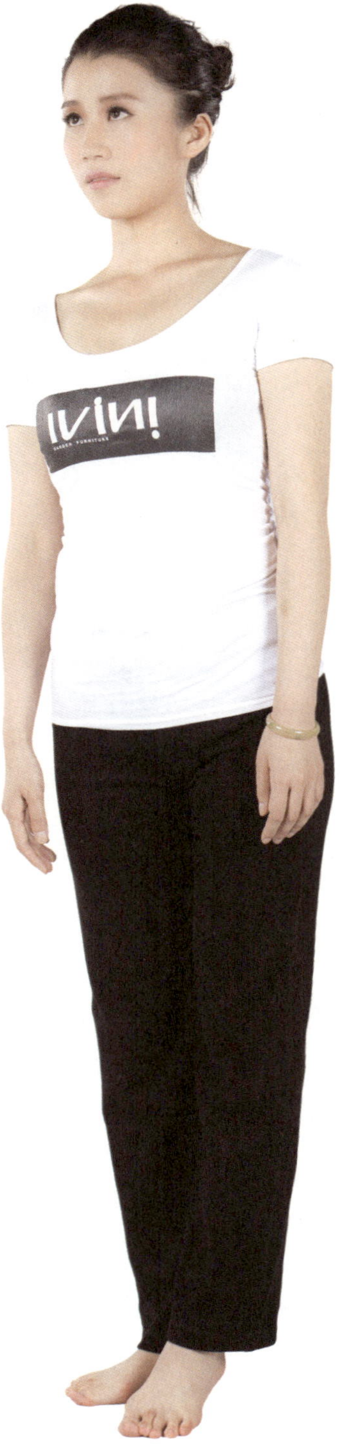

如果问题进一步恶化，尽管是右侧骨盆移位型，然而于卧位观察，就会发现本来应该短的右腿却和左腿一样长了，甚者还长于左腿。这种现象是由于企图保护左腿所造成的。即使两腿无长短之差，也会表现出左侧骨盆移位的特征。像这样左、右侧骨盆混合在一起的移位，称为混合型移位。

这种状态继续发展下去的话，随着人体重心在两腿之间，从右到左，再从左到右地反复移动，骨盆的移位也继续加重，脊柱也呈现出复杂的弯曲状态，两髋关节也在不断移位。脊椎骨的移位进一步发展可使肩关节移位、肘关节移位、腕关节移位，一直到手指关节移位。同样，髋关节的移位可使膝关节移位、踝关节移位、趾关节移位。不仅身材会改变，随之而来的还有身体各部位的酸痛、胀痛以及疼痛，甚至会影响身体的健康。

第三章

姿势影响你的健康

姿势影响脊柱，脊柱状态影响你的健康，生活中有些你没注意到的细节正在影响你的健康。

脊柱与健康

颈椎

颈椎掌管着自主神经、中枢神经、脑神经、末梢神经等重要的神经系统，尤其第一、第二颈椎是大脑传递信息的关卡，扮演着促进脑部与身体各部位良性互动的灵魂角色，颈椎第一至第三节控制颜面神经（肌肉、眼、耳、鼻……）与头部的功能，若此段神经受压，将造成脑神经衰弱、失眠、头晕、头痛、记忆力减退、自主神经失调、忧郁症、注意力不集中等症状。

颈椎第四至第七节则控制食道、器官、甲状腺、肩、肘、手臂及手指，若此段神经受压，将造成手无力、酸麻、疼痛、肩周炎、手肘疼痛、甲状腺功能亢进等症状。

因颈椎动脉自心脏发出，从每节颈椎的横突孔自下而上贯穿至脑部，若颈椎中任何一节移位，将压迫椎动脉，造成脑部血液供应不足，引起脑部缺氧及脑部血液循环不良，因而容易造成头晕、头痛、高血压、脑血管阻塞及中风等症状。

胸椎

胸椎第一至第四节负责心脏、肺等胸腔部位，尤其第一、第二节与心脏神经丛有密切关系，若此段神经受压，将造成胸闷、心悸、呼吸困难、心脏病、气管炎、呼吸道疾病、肺炎、乳房病变等疾病。

胸椎第五至第八节控制腹腔部位，负责肝、胃、胆、十二指肠以及小肠等器官，若此段神经受压，将引起肝脏病变、胃病、十二指肠溃疡、消化不良等疾病。

胸椎第九至十二节与肾脏、大肠、膀胱等器官有密切关系，若此段神经受压，将导致这些器官发生病变。

腰椎 骶椎

腰椎、骶椎影响的是大肠、小肠、肾脏、子宫、泌尿系统、肛门、生殖器等部分的运作，有不少人因妇科问题、不孕症、子宫肌瘤、子宫外孕、前列腺毛病、频尿去求诊，结果表明几乎都是骨盆倾斜所造成的。骨盆倾斜会影响到腰椎和腿部神经，导致子宫、泌尿系统、生殖器官等部位的异常运作，引起月经不调、痛经、子宫或卵巢肿瘤、行动功能障碍，而坐骨神经受压则会造成下肢疼痛、无力、酸麻、冰冷、膝痛等症状，也与腰椎和骶椎有密切关系。

脊柱图

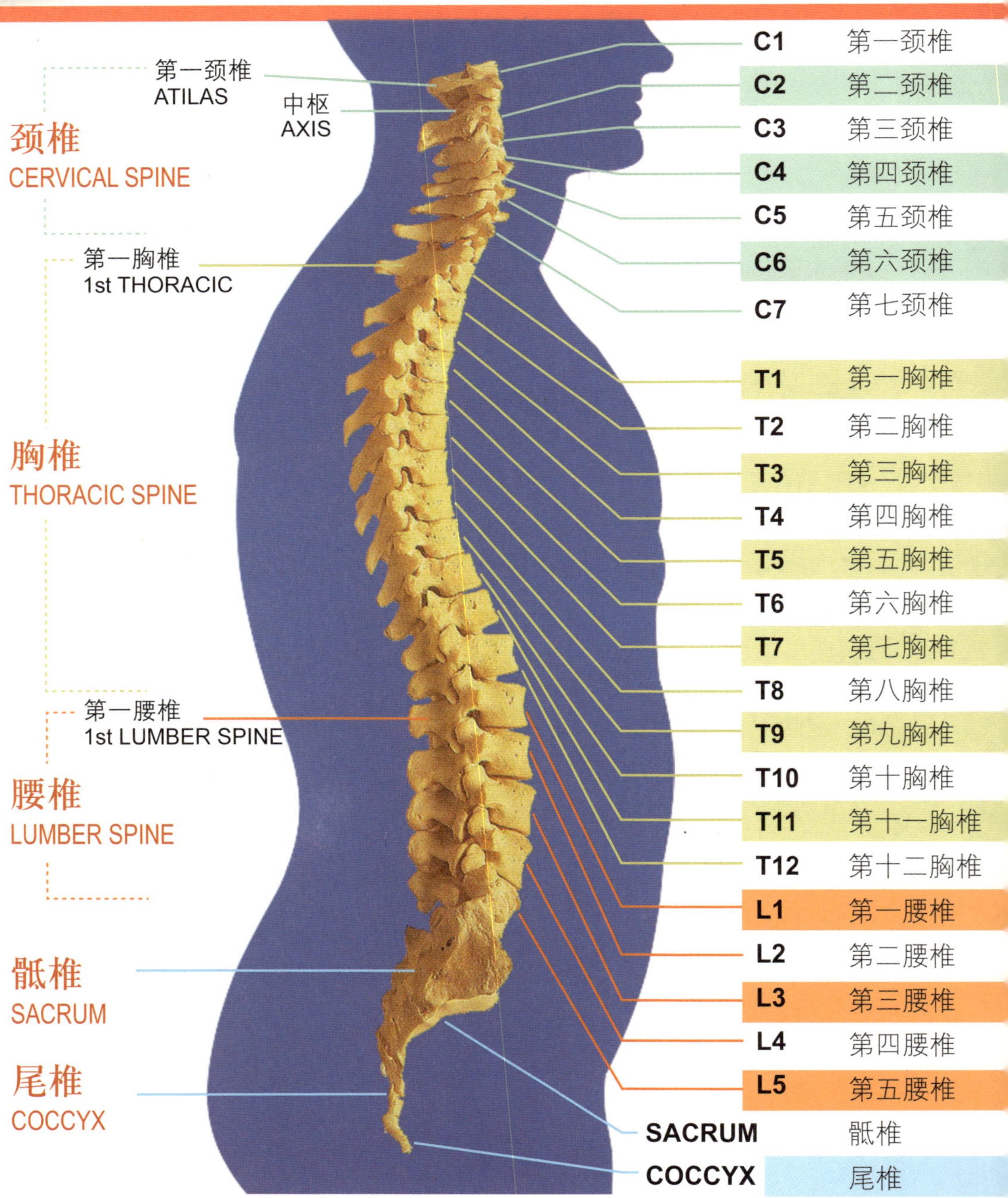
第一颈椎
ATILAS
中枢
AXIS
颈椎
CERVICAL SPINE
第一胸椎
1st THORACIC
胸椎
THORACIC SPINE
第一腰椎
1st LUMBER SPINE
腰椎
LUMBER SPINE
骶椎
SACRUM
尾椎
COCCYX
C1 第一颈椎
C2 第二颈椎
C3 第三颈椎
C4 第四颈椎
C5 第五颈椎
C6 第六颈椎
C7 第七颈椎
T1 第一胸椎
T2 第二胸椎
T3 第三胸椎
T4 第四胸椎
T5 第五胸椎
T6 第六胸椎
T7 第七胸椎
T8 第八胸椎
T9 第九胸椎
T10 第十胸椎
T11 第十一胸椎
T12 第十二胸椎
L1 第一腰椎
L2 第二腰椎
L3 第三腰椎
L4 第四腰椎
L5 第五腰椎
SACRUM 骶椎
COCCYX 尾椎

脊柱与相关疾病对应图解

眩晕、偏头痛、失眠、嗜睡、头昏沉、颈性高血压、脑供血不足、摇头

眩晕、头痛、失眠、嗜睡、眼干涩、斜视、耳鸣、心动过速、腮腺炎、过敏性鼻炎

眩晕、头昏沉、偏头痛、颈肩综合征、神经痛、粉刺、痘疹、湿疹、牙痛、张口不能

头昏、恶心、呃逆、双手麻木、肩周炎、落枕、鼻塞、牙痛

胸痛、心跳过缓、恶心、呃逆、颈、肩、手掌胀痛、口臭、火气大

血压波动　肩部疼痛、肩、拇食二指麻、扁桃体肿大、肩膀痛、上肢外侧麻痛

气短胸闷、第四、五指麻痛、颈根、肩胛痛、咽喉痛、肩膀硬化、伤风上肢后侧内侧麻痛

气短、气急、肘手痛、凉、期前收缩、手软无力、上臂后侧麻痛

气短胸痛、心律失常、冠心病（心绞痛）、肩膀硬化、上臂后侧麻痛

肺部、支气管症状、易患感冒

胸背痛、胸闷、冠心病（心绞痛）、长叹气

口苦、低血压、胃痉挛、癫痫

胃痛、消化不良、胃痉挛

胃溃疡症状、消化不良、胃下垂、口臭

免疫功能低下、肝胆病、糖尿病

肾功能障碍、小便白浊、尿不畅、过敏证、身体手脚冰冷、癫痫

肾功能障碍、性功能障碍

肾功能障碍、尿道病、皮肤病

下腹疼凉、疲劳综合征、不孕症、风湿症、生殖器官表面痛痒

结肠功能失调、便秘、腹泻、腰痛、下腹痛

下腹痛、腰酸痛、性功能减退

膀胱、尿少、腰、膝内侧痛无力

腰痛、坐骨神经痛、排尿困难、尿频或尿少、腿痛放射至腿肚外侧、痔疮

腿血液循环不良、下肢无力怕寒冷、腰腿痛麻至腿肚后/外侧，月经不调

腰骶关节病变、足根痛麻凉感、膀胱病、前列腺炎

尾骨痛

中医早就发现，人的一些健康问题与足部有关。近年来在欧美和日本非常流行整脊疗法，根据相关专家的研究，对于女性来说，骨盆的位移会带来很多健康问题。

骨盆与健康

右侧骨盆移位

右髋关节紧张，表现为副交感神经紧张，肝脏、胃肠功能低下，消瘦，腹泻，易患妇科疾病等。

左侧骨盆移位

左髋关节紧张，表现为交感神经紧张，心脏、肺功能低下，肥胖，便秘，易患感冒等。

混合型

右侧骨盆移位伴左或右髋关节紧张，左侧骨盆移位伴右或左髋关节紧张，表现为偏食，体重变化大，便秘和腹泻交替出现，并伴有前两型的全身症状。

此外，骨盆旋移可出现长、短脚及阴阳脚。当骨盆错位纠正后，双脚位置恢复正常，而患者原有一些膝、踝关节痛（膝关节骨关节病、慢性滑膜炎、跟骨骨刺、趾痛症等）亦随之消失。

但如果马蹄足、扁平足、内翻足、膝部病变以及阔筋膜张肌、股直肌、股二头肌、梨状肌病变等足部问题得不到解决，就会逐渐引起骨盆旋移，骨盆旋移又可引起脊柱侧弯，导致腰、胸、颈以及颅骨位置改变，继而产生脊柱相关疾病。

因此国外的整骨医师在治疗时不仅仅只关注脊柱和骨盆，还会关注足部的影响，这类由于足部疾病导致的膝、骨盆、腰、胸、颈以至颅骨等相关疾病并非罕见。

第四章

形体分析

你需要哪种改变

及早发现骨盆是否移位和确定属何种移位，以便及时治疗是很有必要的。根据姿势的特点诊断骨盆移位有很多方法。

测试、确定
骨盆位置

观察
你的脸型和体形有变化

照照镜子，一看就知道！

不论是左侧骨盆还是右侧骨盆移位，在面部和身体的动作中都有所表现。

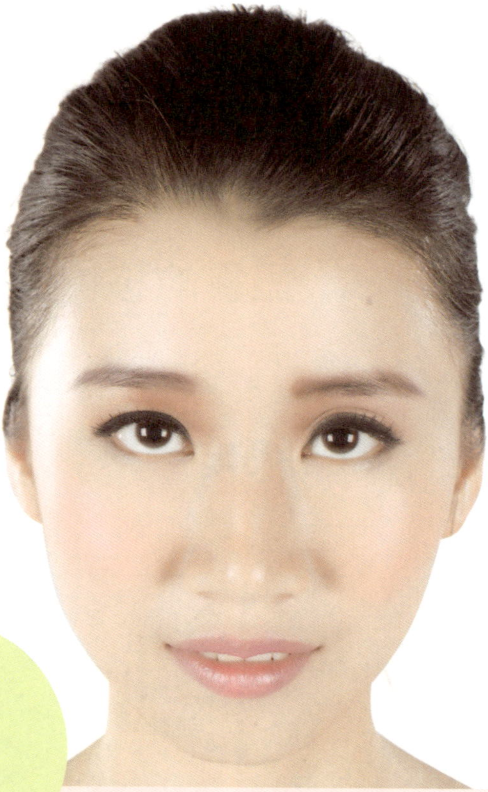

1 脸部的表现

通常，人体是左右对称的，脸部也一样。如果骨盆移位时，就会失去这种对称性。具体表现如下：

一只眼睛细小，上眼睑一双一单，下眼睑一个肿胀、一个舒展，一侧眉毛下垂，单侧额皱纹下垂，单侧出现眉间纵向皱纹，鼻梁不垂直，呈歪斜状，鼻孔大小不等，人中沟不直，一侧鼻唇沟消失，口角不在同一水平线，下巴偏向一侧，两耳不在同一水平线、有一侧下垂。

以上表现，若在面部出现一个或几个，就是判断骨盆移位的证据。

2 在身体上和动作时显露的移位迹象

单肩下垂

两臂不等长

K型腿

除面容外，从身体的其他部位和微小的动作中，也能看出骨盆移位的迹象。只要稍加留心，不管是谁都能注意到以下的表现：

头形不正、单肩下垂、两臂不等长、K型腿、D型腿、O型腿、X型腿（如图所示）。

还有双脚大小不等、腰带不呈水平、斜颈、只能脸朝下或侧卧睡觉、走路不自然、总是同一腿或脚受伤、单侧乳房明显小甚至难产等等也都与骨盆移位相关。

D型腿

O型腿

X型腿

日常生活分析

你的骨盆位置对了吗？

在日常生活中，身体会自动按照你习惯的方式做一些无意识的姿势和动作。分析这些姿势和动作，就可以知道你的骨盆移位的类型。

测试

确定骨盆位置

1 右侧骨盆移位的表现

俯卧位

髂嵴连线偏向右上。用双手拇指按压髂嵴，就能感到右侧偏高，按压时形成的皮肤皱纹亦偏向右上。

因为右侧骨盆偏向上，右腿也随着向上，所以，当左右脚跟并拢时，就可看出右腿比左腿短。

右侧骨盆移位时，右侧骨盆周围发生慢性血液循环不良，周围的肌肉出现紧张和僵硬，因此右髋关节难以张开。俯卧时，右臀部明显偏上。右侧骨盆移位的人俯卧睡眠时，左腿会无意识地弯曲，右腿伸直。

仰卧位

仰卧位时，右侧骨盆移位的患者习惯采取以下三种姿势：两脚交叠时，左腿在右腿上；右腿伸直，左腿弯曲；左脚外展，脚尖接近于床板，而右脚尖与床板尚有一段距离。

侧卧位

侧卧时，习惯面朝右侧，左腿在上。

坐椅子

坐椅子时，因为右腿不够长，所以上半身向右歪。为了维持上半身的平衡，头就会自然向左歪斜。

双腿不交叉时，左腿比右腿外展明显。两腿并拢时，左脚尖在前右脚尖在后。如为女性，并拢两腿时，身体就会向左侧倾斜。

由于右髋关节难以张开，双腿交叉时，右腿总是在后。如有意识地把右腿放在左腿前，就会有不自然的感觉；如把左腿放在右腿上，就会有困难的感觉，而且易疲劳。

站立

因为右腿变短，双脚站立时，则左侧骨盆变高，髂嵴连线左高右低。请注意，这与俯卧位时有所不同。稍息时总是先以右脚为支撑点，左脚向外伸出，等疲劳后才换用左脚支撑。这是因为左髋关节容易张开的缘故。女性双腿交叉站立时，也多以右脚为持重脚，左脚交叉至前方的姿势。

右侧骨盆移位的人，行走时因右腿难以持重，人体重心只好偏向左腿。为了保持平衡，脊柱则向右弯曲，身体向左倾斜。受其影响，左肩也下垂了。

为了取得全身的平衡，头反而向右偏斜。一眼就能看出肩下垂的人，其骨骼已弯曲得相当严重，应尽早进行调整骨骼的治疗。

跪姿

这个姿势可以用来自检，就是我们常见的日本人的跪坐姿势，如果你在跪坐的时候习惯性地把左脚放在右脚上，则是右侧骨盆位移。越经常采取这一姿势，移位就越严重。

斜跪坐时，双膝向左侧。如将双膝偏向右侧，就坐不稳，而且感觉也不自然。这说明骨盆移位正在发展中。

盘腿而坐时，总是习惯左脚在内，右脚在外。

2 左侧骨盆移位和混合型移位的表现

初期的左侧骨盆移位的表现与右侧骨盆者相同，但左右相反。例如：左侧骨盆倾斜时，稍息状态下总是先以左脚为支撑点，右脚向外伸出，等疲劳后才换用右脚做支撑。这是因为右髋关节容易张开的缘故。女性双腿交叉站立时，也多以左脚为持重脚，右脚交叉至前方的姿势。

无论左侧还是右侧骨盆移位，都可进一步发展为混合型移位。因此，对不能归于上述两型者，就要考虑为混合型移位。

外形观察

确定骨盆位置

无论哪型骨盆移位，除上述的典型改变外，还有一些不太惹人注目的细小改变，这些变化对确定骨盆移位的类型有一定的参考价值。

1 根据肚脐的偏斜情况来确定移位型

右侧骨盆移位型 肚脐偏向左侧。

左侧骨盆移位型 肚脐偏向右侧。

2 根据鞋底磨损情况确定移位型

右侧骨盆移位型 因为右脚不敢持重，体重大部分由左脚承担，所以左鞋底磨损较重，但不是均匀磨损。

左侧骨盆移位型 与右侧者相反。

混合型 左右鞋底的一侧磨损严重。

3 根据在厕所坐着的姿势确定移位型

右侧骨盆移位型 坐下后，左脚尖略靠前，右脚尖在后，左脚的外展也大于右脚。

左侧骨盆移位型 与右侧者相反。

混合型 左右移位型的表现交替出现。

4 根据手指的张开情况来确定移位型

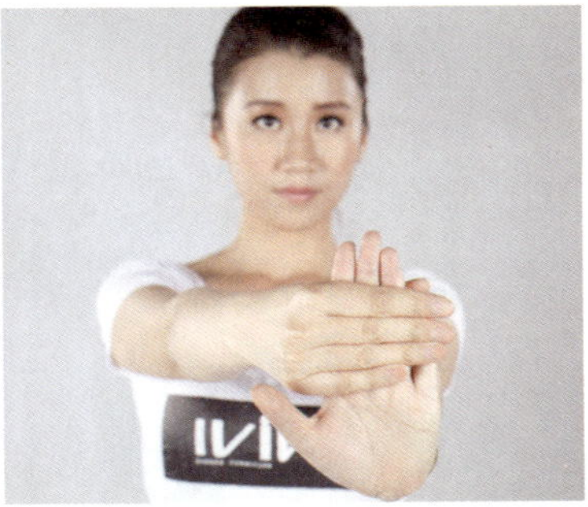

右侧骨盆移位型

双手除拇指外，其余四指并拢，拇指尽量张开，右手拇指与食指之间的角度比左手小。将双手五指尽量张开，右手拇指与小指形成的角小于左手。再比较食指与中指之间的角，也是右手小于左手。

左侧骨盆移位型

情况与右侧骨盆移位型相反，左手手指形成的夹角小于右手的。

5 根据脚趾情况确定移位型

右侧骨盆移位型　因为左脚负担过重，所以左脚拇趾明显外展，甚至叠于第二趾的上或下面。

左侧骨盆移位型　与右侧者相反，改变在右脚上。

混合型　双脚拇趾同时外展，程度比单侧者严重。

正常人的体重均匀地分布在左右脚上，所以脚拇趾不出现外展，即使有也很轻微。观察一下婴儿的脚趾您就会明白。

6 根据指关节的声响确定移位型

右侧骨盆移位型　抽拉正常人的手指，可听到微弱的关节滑动声。右侧骨盆移位时，右手无关节滑动声或声响小于左手。脚趾的情况与手完全一样。

这是由于身体右侧的肌肉比左侧的僵硬，右侧的血液循环不良波及手指和脚趾的缘故。机体为了保护软弱的右下肢，而主要用左下肢负重，这就使右下肢的肌肉运动不足，结果加重了右下肢肌肉的僵硬和血液循环不良。因右下肢的肌肉硬化，加之左下肢负荷过重，反射性地引起右上肢紧张，所以右手指关节移动度减小，甚至不能移动。

左侧骨盆移位型　与右侧者改变相同，左右相反。

混合型　左右指(趾)关节有的有关节滑动声，有的没有，或全都没有。

7 根据下肢的支撑情况来确定移位型

右侧骨盆移位型双脚分开，与肩同宽，腰下弯，双手尽量接近两脚，右腿的肌肉有激烈的拉痛感。或者坐着，双腿伸直分开，让胸部尽量接近右下肢，此时，右下肢出现激烈的拉痛感。

自我测试
发现骨盆移位

骨盆的前后、上下移位可引起下肢变长或缩短。这些改变有时不一定明显，但通过仔细观察我们的某些日常活动，就可以判断出自己可能存在的问题。按照下面列出的条目逐一对照、选择，根据自己的选择结果，便可以识别哪一侧下肢变长或缩短。再结合疼痛的部位，就可以发现自己的骶髂关节是前移位还是后移位。

1. 站立时：

A. 常习惯用右腿支持体重。虽然有意识地把身体的重心移至左腿，也会很快无意识地以右腿支持体重。

B. 常习惯用左腿支持体重。虽然有意识地把身体的重心移至右腿，也会很快无意识地以左腿支持体重。

2. 上下楼或走路迈出第一步时：

A. 前进时从左腿开始，后退时从右腿开始。

B. 前进时从右腿开始，后退时从左腿开始。

3. 回头向后看时：

A. 颈部向右侧旋转。

B. 颈部向左侧旋转。

4. 坐位和仰卧位时腿的搭法：

A. 总喜欢把左腿搭在右腿上。

B. 总喜欢把右腿搭在左腿上。

5. 蜷腿坐时：

A. 总是把两脚尖放在身体的右外侧。

B. 总是把两脚尖放在身体的左外侧。

6. 盘腿坐时：

A. 把左腿盘在里面。

B. 把右腿盘在里面。

7. 侧卧睡眠时：

A. 右侧卧易入睡，弯曲左膝并放在右腿前。

B. 左侧卧易入睡，弯曲右膝并放在左腿前。

8. 弯腰蹲下：

A. 左膝向前突出，朝向右侧，左脚放得比右脚略靠前。

B. 右膝向前突出，朝向左侧，右脚放得比左脚略靠前。

9. 笔直地站立时：

A. 脸向左侧倾斜，或左肩下垂，左侧的腰带较高。

B. 脸向右侧倾斜，或右肩下垂，右侧的腰带较高。

10. 裤子或裙子的穿脱次序：

A. 先穿左腿，后穿右腿。

B. 先穿右腿，后穿左腿。

11.口角的歪斜与脸的大小：

A. 说话时右侧口角向上吊起或笑时表现得更明显，右侧脸较大。

B. 说话时左侧口角向上吊起或笑时表现得更明显，左侧脸较大。

12.臀部外形：

A. 俯卧位，右臀部隆起。

B. 俯卧位，左臀部隆起。

13.大腿外形：

A. 仰卧时，右大腿较粗。

B. 仰卧时，左大腿较粗。

14. 提重物走路：

A. 总用左手提。

B. 总用右手提。

15.跨越物体时：

A. 先跨左腿，后跨右腿。

B. 先跨右腿，后跨左腿。

16.扫地时：

A. 从左侧向右侧扫。

B. 从右侧向左侧扫。

17.肩酸痛、耳鸣或耳聋、偏头痛、背痛、腰痛、牙痛的部位：

A. 先在右半身出现症状，如右侧牙痛。

B. 先在左半身出现症状，如左侧牙痛。

18.食欲与性欲：

A. 食欲差，喜欢清淡的食物，偏食，但喜好的东西不稳定；性欲弱。

B. 食欲旺盛，喜欢气味浓厚的食物；性欲强。

以上的条目中如A占绝大多数时，是左腿长右腿短。

若B占绝大多数时，则是右腿长左腿短。

再结合疼痛的部位，若疼痛在右侧，而右腿长，那是右侧骶髂关节向前下移位；若疼痛在右侧，但右腿短，那是右侧骶髂关节向后上移位。

自我检测

你属于哪种骨盆型

步骤1： 用胶带粘贴出一个55×35厘米的区域，找到两条长边的中间点，连一条胶带。

步骤2： 闭上眼睛，在区域内原地踏步走，注意双脚放在中间线两侧开始踏步。默数40步，停下来看自己所处的位置判断骨盆移位。

动作分解

1. 先立正站好，双手自然放在身体两侧，两脚并拢在中线两侧上。

2. 闭上眼睛，在原地踏步走，双手跟着摆动。

3. 心中默数到40步的时候停步。

4. 原地不动，睁开眼睛看看自己站的位置，就了解自己是哪种骨盆歪斜的类型。如果位置偏左，则说明骨盆左倾比较明显，反之则向右倾斜。

小腹婆、大象腿和水桶腰

A.骨盆前倾或后倾（小腹婆型）

骨盆前倾或后倾，身体的曲线很容易跟着向前或向后倾斜，腰部的肌肉长期为了维持身体平衡就会僵硬，而前面的腹部肌肉就会跟着软化松弛，长此以往就会形成大腹婆或小腹婆了。

成因分析：骨盆前倾(上腹部会较突出）会造成腰椎弧度较大，腰椎周遭的肌肉会很容易僵硬，身体为了要平衡，就会让腹部的肌肉松弛软化，长久下来又加上上班需要久坐，就会造成上腹部越来越大，这就是大腹婆的原因。常会感到胃痛，胃胀气，心脏不适，肩膀僵硬。

B.骨盆歪扭（水肿型）

骨盆左右的扭曲，会造成下半身的血液和水分循环不良，大腿也很容易水肿。脸上常会长出青春痘，并好发扁桃腺炎、中耳炎或尿道炎及生殖器官方面的疾病。

成因分析：骨盆后倾（小腹婆，下腹部会较突出）骨盆后倾的人常常减肥都减不下来的原因，除了腰部肌肉僵硬引起腹部松弛无力外，坐姿不正确也是主因，骨盆后倾的人喜欢窝在沙发上看电视或是舒服地瘫在软床上看电视，长期骨盆更易向后倾，也就造成了小腹更向外突出。

C.骨盆高低左右不平（水桶腰型）

骨盆左右高低不同，腰部有一侧感觉容易紧张，穿衣服腰身不明显。比较容易有胃酸过多，或是胀气，心脏无力，易喘等问题。

成因分析：骨盆意外受伤（如车祸），骨盆和腰椎受伤后周围的软组织不断地增厚，本能地保护骨盆，使得腰椎和骨盆硬化，而腹部却松弛软化而越来越大，就形成了大屁股和水桶腰。

如果要恢复美好的体态，接下来就应该考虑采取必要的措施纠正我们的姿势了。

第五章

调整体形

给你的骨盆找找平衡

知道吗？在现代人群中，要想找到一位骨盆完全正常的人，可以说千人难寻其一，因为几乎每个人的骨盆都会有不同程度的移位。下面我们就从骨盆的生理结构说起。

骨盆是由左右髂骨、骶骨和尾骨及其韧带连接而成的。骨盆的移位可使脊柱弯曲而压迫神经，结果使肌肉、关节和脏器的生理功能受到影响。

骨盆移位的第一阶段会造成骨盆倾斜，即骨盆冠状面不在正常的水平位。

有些看起来很健康的人，其骨盆位置却可能是不正常的。即使他们现在还未出现任何不适，然而，随着时间的推移，不正常的现象就会逐渐出现：鞋子总是出现某一侧的磨损，行走的时候某一侧特别容易累等等。最后，骨盆倾斜会逐渐影响到健康，出现肌肉疼痛、肥胖、便秘等等问题。

造成骨盆倾斜的原因

1

骨盆正常水平位的维持主要依靠腰背部和腹部以及躯干两侧肌群。如果上述肌力平衡失调、破坏，就会发生骨盆倾斜。

2

下肢不等长、臀部肌肉挛缩及髋脱位等，也会导致骨盆倾斜。

3

从生物力学特点看，由于骨盆三角力臂的丧失，臀肌萎缩，失去收缩力和伸展力，臀肌杠杆失效，也会导致骨盆倾斜。

根据骨盆倾斜的发生机制和骨盆倾斜的特点，将骨盆倾斜又分为三种类型：

你属于哪种骨盆倾斜

1 髋关节周围挛缩型

2 下肢不等长型

3 脊柱型

不同的倾斜类型，严重程度不同，治疗的方法也不同，严重的需要手术治疗。由于坐姿不正确引起的不严重的倾斜，通过瑜伽练习的方法可以慢慢改善（其实多数人的骨盆并不是完全端正的，多多少少会有一点不对称或者倾斜，目测看不出来的倾斜属于比较轻微的倾斜）。

很多人平时并没有注意到自己的骨盆是否倾斜，多数是在偶然的情况下突然发现的。首先，要了解自己骨盆倾斜的方向，并试着找原因，日常生活中有一些不良的走路姿势、站姿、坐姿或者不良习惯，都会不同程度地造成骨盆倾斜。比如总是用一侧的肩背很重的包、总是用一条腿做某种动作等，长期重复这些习惯性动作，就会造成一定程度的倾斜，如果不是上述原因造成的倾斜就需要到医院向医生求助了。

调整骨盆不平衡状态，你需要改变的生活习惯包括：

调整骨盆

调整生活习惯

1 睡觉时避免总是向着一个方向侧卧；

2 盘坐时要交换两腿摆放的位置；

3 改掉“外八字”或其他不良的行走姿势；

4 改掉总是单肩背包的习惯，要么经常换肩背，要么干脆背双肩背包；

5 改掉坐着时总是身体歪向一边的习惯，尽量不要跷二郎腿。

给骨盆
重新找平

重新平衡骨盆，需要以下3个方面的努力。

1 练习脊柱的侧伸展，锻炼侧腹肌、背部各肌肉群的力量并使之平衡。

瑜伽动作中的风吹树式、三角伸展式都是非常好的练习体式。可以帮助增加腰背肌的力量，让你的骨盆不再“孤军奋战”。

风吹树式

动作要领

1. 山势站姿，目光凝视眼前的一个固定点。

2. 双手合十胸前成祈祷式，慢慢地吸气，伸展手臂向上，保持双肩下沉，感觉手臂向上无限延伸。

3. 慢慢地呼气，双手带动着身体向右侧弯，注意不要推髋，体会这个动作带给你左侧腰腹以至手臂的舒展感，保持3～5次顺畅的呼吸，不要憋气，保持双臂、头部、上半身在同一个平面内，不要前倾也不要后仰。

4. 慢慢地吸气，上半身回到原位，再呼气，做反方向的练习。

瑜伽姿势注意

初学者做不到的可以双脚打开与肩同宽做姿势。上身一定要挺直，收臀上提。可以随着熟练度的增加，慢慢地抬起脚练习。

刚开始练习的人最好先靠着墙来进行，可以让身体保持在一个平面上，从而提高瑜伽疗效。只需要做到有侧腰伸展的感觉，不要求弯曲膝关节。

瑜伽姿势功效

调节肌肉平衡，使脊柱更舒展健康，体态气质更优美。收紧全身肌肉，加强锻炼腰侧、背部、腿部和手臂的肌肉。

三角伸展式

动作要领

1. 直立，双腿分开，大约两倍肩宽的距离。吸气，双臂侧平举，保持与地面平行。

2. 呼气，从髋部屈体成直角，腰背要保持平直，双腿伸直，眼睛向前看。

3. 边呼气边转动上半身，用右手触右脚脚趾。伸直左臂，掌心朝右，指尖向上。保持3～5次深呼吸。

4. 吸气，慢慢地回正身体。边呼气边转动上半身，用左手触左脚脚趾。伸直右臂，掌心朝左，指尖向上。

5. 保持3～5次深呼吸。慢慢地吸气，回正身体，下一次吸气，慢慢地抬起上半身，头部。

瑜伽姿势注意

练习时注意保持腰背部平直。腰部或背部损伤、处于孕期和经期的女性不适宜练习。

瑜伽姿势功效

通过按摩腹部器官，促进新陈代谢，增进食欲。通过刺激肠胃的收缩，有助于排除体内废气，消除便秘。开阔胸部和肩膀，使手臂和腰肢更纤细，增强下肢稳定性。强健腰背，和谐身心。

2 脊柱伸展和双腿伸展的练习

下犬式

动作要领

1. 双膝跪地，脚面绷直，小腿与大腿成90° 夹角，俯下上半身，双臂撑地。

2. 头、颈与地面平行，两脚分开30厘米。

3. 吸气，脚趾和前脚掌用力蹬地，抬起躯干，完全伸展手臂，腿部绷直，膝盖绷紧，身体的重量应该只放在脚趾和手掌上。

4. 保持这个体式半分钟到一分钟，深长地呼吸。

5. 放松身体，双膝着地，回到原来的姿势。

瑜伽姿势功效

这个体式能使脊椎恢复活力，尤其推荐给那些苦于背部僵直、腰部疼痛、坐骨神经痛以及椎间盘突出或脱出的人。由于胸部得到完全的扩张，因此增加肺部弹性。骨盆区域的血液也得到完全的的循环，使其保持健康。

3 锻炼臀部肌肉并使两侧平衡的练习

桥式

动作要领

1. 身体仰卧平躺。

2. 屈膝，左右脚跟张开与腰同宽。双臂放在身体两侧伸直、手掌朝下平放，并且吐气。

3. 一边吸气，一边尽量往上抬高腰部，肘部撑地，双手托腰，在自然呼吸状态下保持15秒，然后一边吐气，一边放下腰部（进行2次）。

4. 以相同要领往上抬高腰部，一边吐气，一边将双膝（保持张开的姿势）尽量扭转往左侧地板的方向放倒，自然呼吸状态下保持这种姿势。停留15秒后，一边吸气，一边恢复原来的姿势，吐气并放下腰部。

5. 以相同方式进行练习，双膝改往右侧扭转（进行2次）。

瑜伽姿势功效

这是调整骨盆的重要体位动作，可以充分紧实腹部、腰部、背部的线条，并缩小臀部。能有效改善腰痛、肩颈酸痛、颈部疼痛，以及平日的腹部胀气、消化不良等症状。对于改善生理痛、月经失调等妇科疾病也非常有效。

瑜伽姿势注意

进行动作时，脚跟的位置尽量保持不变，这样对腹部的效果更好。尤其是进行步骤4双膝往侧边放倒的动作时，为了保持身体平衡，常会改变脚的位置，尽量不要变动，这是进行动作时的重点。如果真的无法保持不变，可以略微改变脚尖的方向。

蝗虫式

动作要领

1. 俯卧在瑜伽垫上，以舒适为主。双手和双腿伸直并张开略比肩宽，头部和掌心向下，脚背绷直。

2. 弯曲左腿，左手向后，抓住左脚踝。

3. 吸一口气，上、下半身同时抬起（右手臂向前伸展）。

4. 继续向上伸展，头抬起，看向指尖。保持姿势10秒，然后慢慢放下（以同样的方式左右各重复3次）。

第六章

调整体形让你的骨盆回到正确位置

这世上有果必有因。假如某天成绩一直倒数第一的学生突然变成了正数第一，那么不是他努力学习了，就是他有违纪行为，还有很小的概率是他运气好；每天畅通无阻的公路突然间堵车了，不是哪儿出了车祸，就是哪儿在施工。骨盆歪斜也如此，必然有其原因。我们只要了解了原因并积极展开整骨行动，就可以使之重新变得美丽。

导致骨盆歪斜的因素

自从人类开始直立行走，骨盆歪斜便给很多人带来苦痛。摆正心态积极面对，从源头出发，寻找解决之道才是正途。

重力

重力是造成骨盆歪斜的原因之一。重力是我们生活在这个世界上无法回避的问题，双腿直立行走时，重力就会作用于身体，给身体增加负担。如果走路的姿势不正确，重力作用于骨盆，骨盆就会歪斜。

错误的姿势

在重力的作用下，不良的姿势理所当然会造成骨盆变形，下面我们就来仔细看看哪些姿势是不正确的。

站姿

1 扭胯站姿

长时间将身体重心放在一条腿上，承重的那一侧臀部肌肉就会被拉长，髋关节就会向外歪斜，骨盆便会随之变歪。如果长期保持这种姿势，就会导致下肢侧弯。甚至还会影响到脊椎和胸廓，造成脊椎弯曲，胸廓两边不对称，双肩歪斜。

2 双腿交叉的站姿

双腿交叉站立，会使髋关节向外张开，骨盆随髋关节一起向侧面拉长，使臀部变得又宽又平。另外如果站立时总是把身体重心集中在靠近小脚趾一侧，也会造成踝关节歪斜，膝盖向外侧弯曲。

专家提示

1 站立时显身材的3个关键——额、胸、臀

古代人特别讲究站立、行走的姿势，挺拔的站姿被认为是有良好教养的表现。其实这是有原因的，优美的站姿会马上让人有高了的感觉，气质更胜一筹。对于女性来说，挺拔的站姿会让身材更加凹凸有致。从技术层面来说，第一个让我们显高的部位是头部，从感觉上来说，得体会那种往上拔的感觉，感觉头顶有根绳子拽着自己，这是最关键的，要知道头部的姿势对脊柱的姿势具有决定性的影响。第二个是胸部，头颈部向上拔，脊柱挺直，双肩自然向后伸展，胸部自然就挺起来了，然后带动腰部，臀部就会自然上提，这样的姿势就会形成优美的女性曲线，更显得神清气爽。

2 站立时要留心颈部姿势

颈部是最能体现女性美的部位，不经意间营造的那份涟漪让人久久回味，徐志摩在他的《沙扬娜拉》里描写为“最是那一低头的温柔，像一朵水莲花不胜凉风的娇羞。”优美的颈部曲线是女性形体美的重要表现，很多诗人把拥有优美颈部线条的女性比喻成美丽的天鹅，看上去优雅迷人。

不过，线条优美的颈部不是自然而然就能有的，在进行颈部线条塑形之前，你需要仔细留心，找出前、后、左、右，不同的角度里最美的颈部线条。需要注意的是身体站直了，颈部姿势不对也会影响脊柱的位置。

3 站立时肩部姿势——两肩打开

我们在看欧美和国内的时装秀的时候，经常会羡慕模特们挺拔的身材。虽然职业模特的身材并不是每个人都能有的，但如果你注意在站立的时候双肩打开，整个人自然就会处于一种挺拔直立的状态，胸部自然挺起，从后面看后背也很挺拔，整体上会给人留下气质优雅、高贵的感觉。

坐姿

1 “W”形坐姿

这个姿势我们经常在一些性感美女照中看到，这种看似性感的坐姿其实害人不浅，倒“W”形坐姿使髋关节过度向内转，同时，由于处于蹲坐的姿势，髋关节和骨盆后侧会变宽，从而形成大屁股。

2 腿侧摆坐姿

穿裙装坐在地板上时，两腿并拢摆向一侧的坐姿看似很优美，但是却极易造成髋关节负担过重。很多女孩习惯性地喜欢把腿伸向自己感觉舒适的一侧，总是这样会使左右髋关节差别越来越大，身体越来越歪。

3 跷二郎腿的坐姿

跷二郎腿的坐姿，会使双膝向内侧倾斜，引起髋关节外凸。由于一条腿搭在另一条腿上，左右腿的高度会不同，与搭在上面的腿相连的那一侧骨盆会随之向上倾斜，在造成骨盆歪斜的同时，还会使脊椎弯曲，双肩倾斜。

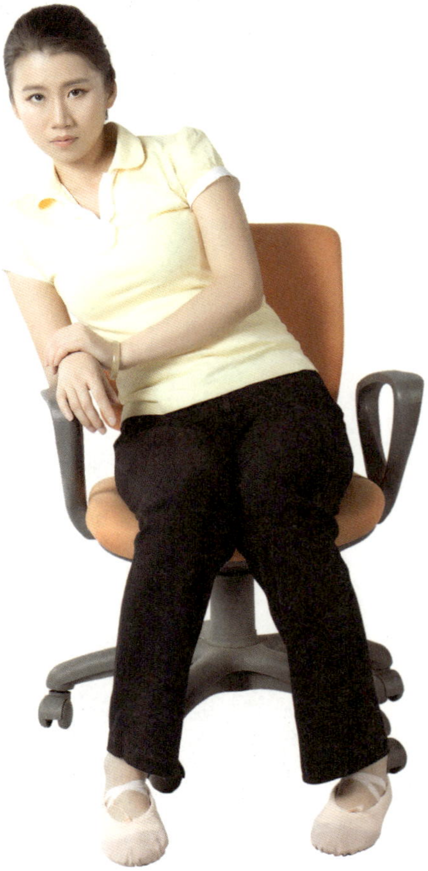

4 扭到一侧的姿势

长时间习惯性地把身体扭向一个方向的姿势也会使骨盆变歪。在办公室工作看电脑屏幕时，如果经常把身体扭到一侧，久而久之，就会出现扭都不用扭，身体自然就歪了的状况。

专家提示

扣肩驼背的坐姿破坏身体曲线

扣肩会导致胸部不挺拔，松弛下垂。驼背导致肩、背脂肪堆积，长此以往就变得虎背熊腰，失去女性柔美的线条。正确的坐姿应该是这样的：坐下的时候首先要将脊椎自然伸直，然后腹、胃部自然放松，两肩下沉，胸大肌张开，上半身保持自然直立，不要含胸驼背。

工作累了的时候，可以将脊椎一节节地放松下来伏贴在椅子靠背上休息3~5分钟，然后再恢复自然直立的体态。每天只要有意识地注意调整姿态，体形就会在不知不觉中改变。

在办公室工作的时候，正确的姿势应该是胸部离桌边一拳，就是我们上小学的时候经常被老师提醒的“胸离桌一拳，眼离本一尺”的坐姿，如果你总是记不住，可以戴一个造型夸张的项链提醒自己一下。

另外，不要向左或者向右倚靠椅子扶手，这对你的脊柱形态有严重危害，我们每天在电脑前要待很长时间，几个小时朝一个方向扭，会使肌肉“记住”这个姿势，把脊椎也拉向侧面，变成S形，造成高低肩，乳房自然也会一高一低，视觉上造成一侧的胸部下垂。

其他姿势

1 侧卧的睡姿

睡觉的时候也会造成骨盆歪斜！这是很多人都感到惊讶的事实。这一观点最先是日本的专家提出的，他们的研究显示，很多人习惯只偏向一个方向侧身而眠，或总是仰面朝上呈“大”字形睡觉，这些睡姿都会使髋关节变形。

2 模特步

我们都爱看T台走秀。不错，模特们的猫步看起来的确很潇洒，但是他们走路时重心摆来摆去，会带给髋关节和骨盆极大的负担。

3 外八字和内八字

外八字和内八字的走路姿势不仅不美观，还会令膝盖、髋关节负担过重。不仅如此，这样走路还容易摔跤或崴脚，更有甚者还有可能造成生育时难产或诱发腰痛。

4 单肩挎包的姿势

不知是为了好看还是方便，女孩子非常喜欢单肩挎包。其实这是十分不正确的姿势，单手提行李或者单肩挎包的习惯，会造成负重的肩膀向上歪斜，相应地迫使脊椎弯曲，骨盆高度失衡。

专家提示

运动可以松解肌肉改善体形

扭曲的肌肉不仅影响体形，有时还会带来酸痛不适。我们需要常常放松紧张的肌肉。修炼瑜伽中的“树式”姿势是很有帮助的，它能够帮助我们控制两侧肌肉维持平衡，向上延伸的动作还能让身体修长。要注意：觉得不好完成的那一侧，正是肌肉薄弱的那边，更要多加练习。除此之外，专业的按摩也有松解肌肉的效果，这对保持脊柱状态、保持体形有重要作用。

让你的骨盆
回到正确位置

科学家们认为，在科技高度发达的社会里，大多数人存在着运动不足的问题，本来应该经常运动的肢体一旦不运动，机能就会降低，肌肉萎缩、力量减弱，进而影响到骨骼的功能。对于现代人来说，运动不足最先影响的就是人的双腿。人的体重是依靠双腿来支撑的，当一条腿出现异常，另一条腿的压力就会增加。为什么在正常使用中的双腿会单侧功能降低呢？主要还是因为骨盆位置异常所致。关于骨盆移位的原因和造成的后果，我们在前边的章节里已经有了比较详细的分析。现在我们就来说一说，用什么方法能让骨盆恢复到平衡的位置。

腹式呼吸排毒

呼吸是我们无时无刻不在做的事情，每天一呼一吸之间，给身体带来氧气，促进新陈代谢。大家不知道的另外一个功能是，某种呼吸方法能够锻炼腹部肌肉，增加腹部肌肉的力量，给骨盆减轻负担。所以很多减肥教练在课程开始的时候都会建议大家学习更有益于身心的呼吸方法。不仅如此，在一些古老的运动比如太极、瑜伽等运动中，还把呼吸当作促进代谢，加速排毒的好方法。

首先要观察一下你的呼吸，当你吸气时感觉是胸腔膨胀，还是肚子膨胀了呢?

我们大多数人，尤其是女性，都是胸式呼吸，在呼吸过程中，只有胸部参与了协作。其实只要转换一下呼吸的方式，就能起到加固骨盆的作用，这就是进行腹部呼吸。具体的方法我们可以慢慢体会：深深吸进一口气，感觉到腹部渐渐隆起，直到感觉肚子里充满空气，然后憋住气，让空气在肚子里停留3～5秒后，从口慢慢吐气，感觉到腹部下陷到贴近背部。这样让氧气在肚子里停留几秒钟，让细胞能吸进更多的氧气，有利于排出肺部的二氧化碳等浊气，帮助加速体内废弃物的代谢。另外，腹式呼吸能刺激肠胃蠕动，有助于体内宿便排出，促进腹部脂肪燃烧，让我们拥有模特一般的平坦小腹。

当然了，一开始采用腹式呼吸可能会不太习惯，会比较累，但腹式呼吸不仅能增加腹部和骨盆的力量，还有益于身体健康，如此看来，累还是值得的，累也说明身体确实得到了锻炼。

走10000步

健走是现在比较流行的一种健身方式，通过大步快速向前行走来达到健身的效果。既然是运动，自然就会消耗体内的能量，并在行走的过程中达到帮助骨盆寻找平衡的作用。

但要注意的是，不是随便快速向前走就能起到这个效果的，还要掌握一定的运动要领。

首先，是量的问题。想要通过健走达到效果，那要坚持每天走10000步以上，因为在健走20分钟后脂肪才开始燃烧。而健走所消耗的脂肪能比平常走路高10倍以上。

其次，是质的问题。健走前5分钟采取缓慢的步伐，这样好让自己得到热身，然后渐渐加快速度，并维持在稍快的步伐上走。健走时要注意姿势，不要弯腰驼背，要缩紧腹部，抬高头。

再次，主动地大幅度摆动双臂，向下要摆到胯后，向上则要摆到与肩同高。健走步伐要大，跨步时脚跟先着地，再依次让脚底、脚趾着地，然后再用脚趾用力蹬离地面。

普拉提课程

如今，在各大健身房,普拉提已成为最受欢迎的课程之一。在练习中，会员会常常听到教练们要求“请保持骨盆与脊柱在中立位置”。骨盆中立是普拉提的基本姿势，在练习时髂前上棘与耻骨形成一个三角形的平面，站立时，这个三角形与地面垂直，仰卧时这个三角形与水平面平行，即为骨盆中立位置。因为骨盆连接着脊柱，所以只有当骨盆稳定、处于中立位置时，才能为脊柱保持自然生理弯曲和自然中轴位置提供基础，这时的腰椎也是最为稳定、安全并舒适的。

普拉提对于改善骨盆后倾和骨盆前倾都有很好的作用。当仰卧时，耻骨高于髂前上棘，称为骨盆后倾，通常这种体态的人在站立时给人的感觉驼背圆肩，脖子前伸，萎靡不振，骨盆后倾极易引发颈椎及腰椎疾病。此外，因为锻炼不当造成的骨盆后倾，通过普拉提改善也有很好的效果。

普拉提改善骨盆前倾也有很好的效果。当仰卧时，耻骨低于髂前上棘,被称之为骨盆前倾。通常，舞蹈演员和体操运动员会出现此类问题。一些女孩站立姿态时，我们常看到她们屁股翘得很高，背部过伸，并有些腆肚子，有的女孩子是想让自己拥有像西方人一样的浑圆翘臀，而故意如此，而有的却是完全不自觉的行为，殊不知，此动作是何等的危险！它说明你的核心力量（由腰、腹、下背肌肉力量构成,普拉提的重要练习目标）不足，只能动用下背部肌肉力量来稳定体态，从而使下背部持续紧张，腰椎也由此承受了过分的压力，腰背疾患由此累积，而且，可能你还没注意，就是这一动作使得本来爱美的你过早出现浑圆顽固的小肚腩。

Tips 普拉提练习改善骨盆前倾

1 骨盆卷动

仰卧，双腿分开与臀同宽，屈膝，指尖和脚尖均指向身体正前方；

吸气，收缩臀部肌肉，将脊椎骨逐节抬离地面，至身体成一直线（自胸到骨盆，膝关节），保持核心部位收紧用力。

呼气，反向恢复到起始位置。一个循环为1组，完成3～5组。

2 泳式

俯卧，额头轻触垫子，双臂与肩同宽置于头两侧,保持肩胛骨稳定。双腿分开与臂同宽。

吸气，均匀调动背、腰、臀。腿部用力，伸展脊椎。使头部和双腿抬离垫子，自然呼吸，保持片刻，躯干稳定，臀部收紧。

保持躯干稳定的基础上，双腿纵向交替上下拍打，吸气拍5次，呼气拍5次，一呼一吸为一组，完成5～8组。

3 举肩架桥

动作同骨盆卷动。

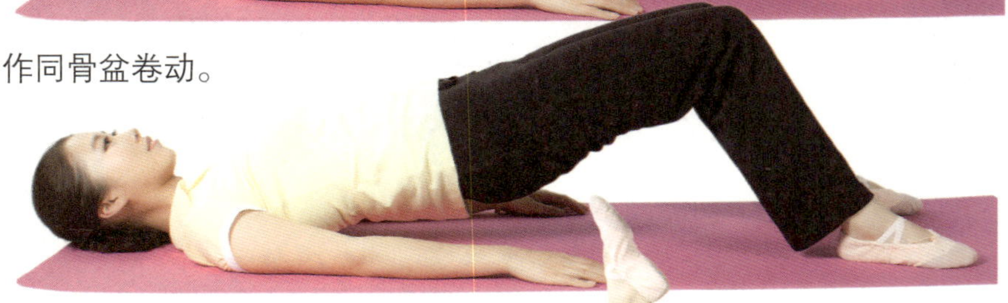

吸气，保持躯干及骨盆稳定的前提下，左腿向天花板方向伸展。

呼气，左腿下摆至与右大腿在同一平面停住，此为1组。重复3～5组后换另侧腿重复做练习。

肚皮舞

肚皮舞是非常女性化的舞蹈，其特色是，随着变化万千的快速节奏，摆动腹部，使劲地舞动臂部、胸部。肚皮舞必须在平滑的地板上配合音乐，赤足舞蹈，那错综复杂的感性肢体动作，快速的舞步，妩媚娇柔，迷人的舞姿令人目不暇接。

肚皮舞除了能够展示女性优美的身姿、舞蹈的美感外，更对女性的身体健康有莫大的好处：

1. 肚皮舞着重训练女性体态。通过剧烈的扭动消耗热量，有针对性地训练腰腹部、胃部、臀部、大腿、手臂，减去全身赘肉。

2. 肚皮舞除了收紧臀肌之外，还能调节女性内分泌系统，促进盆腔血液循环，按摩腹腔器官，提高女性免疫能力，对月经不调、痛经等妇科疾病有明显改善效果。

通常女性做器械和其他有氧健身时，很难活动到骨盆、耻骨和腹腔，而肚皮舞是一种全身的舞蹈运动，可以让你的腿部、腹部、肩膀以及颈部都得到充分的活动，它通过腰部、骨盆、臀部、胸部、头颈、肩膀、手臂、大小腿的舞蹈运动以及令人眼花缭乱的胯部摇摆，达到舒活筋骨的作用，尤其会提高腹肌的弹性和柔韧性。

肚皮舞大量运动骨盆、耻骨和腹腔，这些部位是女性区别于男性且特别脆弱的部位，平时又完全没有机会得到运动。舞蹈中臀和骨盆的诸多运动、脊骨的波动，侧圆胯促使的肌肉翻滚（国外俗称“骆驼步”），还有肋骨的圆周运动，都加强了腹部肌肉的练习，长久地训练会让你拥有性感、结实、平坦的小腹，还能让你的骨盆更加平衡和稳定。

骨盆操

骨盆变形，会导致人体新陈代谢的衰退，让人变成易胖体质，每晚做骨盆操，让你的骨盆回到正确的位置。

1 晚上睡前，打开骨盆

骨盆顺利开合，促进血液循环，更好入睡。

A 双脚张开

正面朝上平躺，双脚张开与肩同宽。

B 脚尖朝外向上拱

脚尖尽可能朝外，同时脚板尽可能向上拱。

C 吸气抬高双脚

大口吸气，同时双脚抬高30厘米，维持10秒。

D 双脚落下

双脚落下，慢慢吐气。这个动作很重要，放得太快会对脚后跟造成冲击，所以最好在床上做或是脚下放一个垫子。脚尖朝外抬起让骨盆打开，然后脚跟受到锻炼之后，血液循环便会加快，做完之后比较温暖，同时骨盆周围的肌肉也放松了，这时比较容易入睡。

2 早上起床时，维持骨盆正位

起床前的矫正操，抬起脚时是吐气，和睡前打开骨盆时抬脚吸气相反。双脚并拢，大脚趾跟部紧密贴合。

正确的起床姿势，能让闭合的骨盆留在正确位置

A 双手高举过头

平躺，双手高举过头，手心朝上。

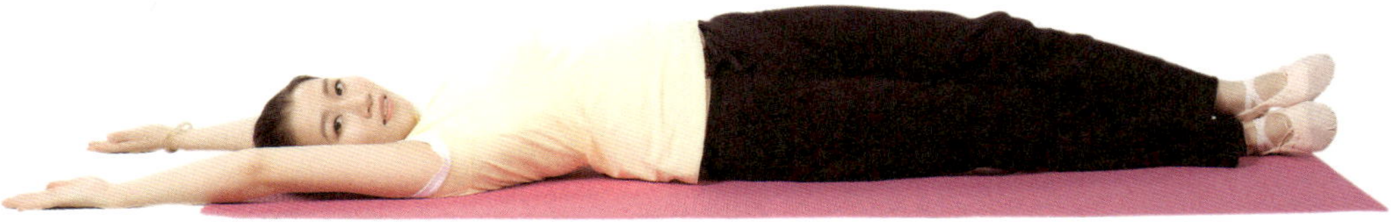

B 翻转身体

脸朝向侧面，单脚先翻过来，再带动身体一起翻转，双手仍高举过头。

C 翻身俯卧

翻身正面朝下俯卧，双脚脚面绷直，紧贴床面。

D 起身伸直

臀部先起来，双手前伸，低头，上半身压低往后，像猫咪伸懒腰的姿势。

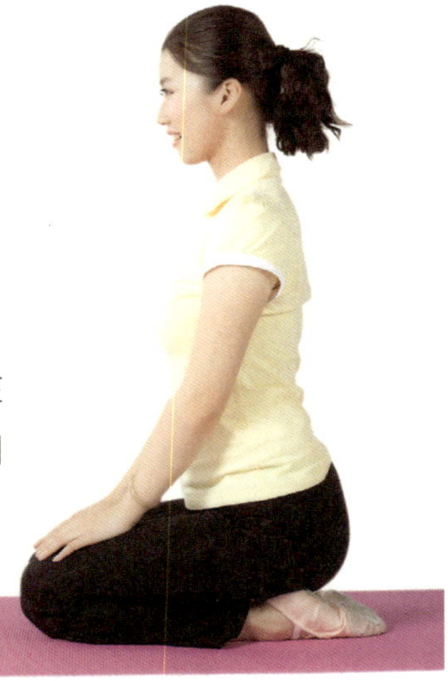

E 坐起吸气

头低着起身，坐在脚跟上，背部伸直，同时深呼吸。

F 挺腰站起

抬头挺腰，直立跪，然后单脚往前跨一步，站起来。

量一下腰围和臀围，有神奇的效果！

保持骨盆闭合的状态起床，能让下半身肌肉回到原本的位置，这时快量量腰围、臀围、大腿，看是不是瘦一点？

3 骨盆歪斜矫正

A 仰卧抬腿

仰卧，双腿张开与肩同宽，慢慢抬起，为下一个动作做准备。

B 四肢向上伸直

双手、双脚同时向上尽可能伸直，与地板成90° 直角，双脚脚尖朝上。

C 缩腹抬头

吸气缩腹，用四肢向上的力量带动头部一起向上。维持3秒后，再吐气放松。

专家提示

你还可以这样做

经过一天的紧张工作和学习，已经没有足够的精力投入积极的锻炼，为了驱除疲劳，调整思绪，振奋精神，这套静态体操能给你帮助。

全套6节动作，不要求你身体特别柔软，因为它的目的之一就是要较好地发展你的柔软性，教会你保持平稳（包括心理上的平稳），养成优美的姿势和高雅的步态。如果你无法适应激烈的运动和单调的重复，那么，这套动作特别适合你，有助你安静，凝神和自我沉思。

这套动作可以每天做，也可以每周做3次，可以把整套动作分成几次做，但是，每次做都得从第一节开始。第一节是最重要的准备，其他几节锻炼身体的不同部位，让内部器官也活动活动。

好了，洗个热水澡，穿上宽松的运动服，开始做操，每节动作缓慢平稳，划分成5个深呼吸程序：第一个深呼吸摆出准备姿势，第二至第四个深呼吸完成动作，第五个深呼吸回到准备状态，酝酿下面的动作。

1 “加热”肌肉，积累体力。

A 准备：站立，脚尖略分开，脚后跟并拢。如果体力较好，双脚也可以齐肩宽。

B 踮脚，注意身体平稳，双手从两侧举起，手掌互对，臀部紧绷，稍抬起下巴。回到准备状态再做。

2 有利肺和肠的功能，强健腹部和臀部肌肉。

准备：起立，脚掌并拢，挺起胸部、打开双肩。

双手伸向背后，除食指、中指伸直，其余手指交叉相扣，重心在脚底板上，膝盖用力弯曲。腹部的肌肉紧绷，缓慢前倾，越低越好。双手上伸，让手指指向天花板，回到准备状态，变换手的位置再做。

3 改善骨盆的血液循环，促进肠胃功能，拉伸肩、背和小腿的肌肉。

A 准备：站立，脚掌并拢，背要直，双手举过头顶，手掌朝内。

B 腹部的肌肉紧绷，只要不感到腿腱抻伤，就尽量缓慢前倾，双手从后面抱住大腿，可能的话，抱住小腿肚子。

C 左手握右手，额头贴向膝盖(或大腿)。回到准备状态，变换手的位置再做。

4 巩固心血管系统、脊椎、背肌和臀肌。

准备：坐地，双脚交叉，左脚在右脚前面，背要直，双手也交叉，同样左手在右手上面，膝盖向内收拢，刚好被手臂搂住。

腹部的肌肉紧绷，双臂前伸，缓慢前倾，直到头碰到地面，同时膝盖也随之平放下来。回到准备状态，变换手和脚的位置再做。

5 对肝脏和胆囊的功能产生良好影响，放松颈部的肌肉。

准备：四肢着地。重心放在弯曲的左脚上，右脚向后伸直。

双手放在膝盖两侧撑地，缓慢把头转向左肩向后看，盯着背肌。回到准备状态，换方向再做。

6 强健腹肌和背肌。

坐下，上半身后倾，双臂从后面撑地，肘部弯曲。膝盖弓起，脚掌着地。

抬起膝盖贴胸部，伸直双臂，双脚伸直上抬，脚背绷直，眼睛盯着脚趾，让身体尽量贴近大腿，下巴贴近膝盖。回到准备状态再做。

弹力带塑体
调整你的骨盆

弹力带塑形的两个好处：

第一， 练习弹力带瘦身法，借由弹力带瘦身运动可以有效地调整骨盆。

第二， 加强核心肌肉运动，使肌肉更有弹性，再加上低卡路里饮食，还可以找回健康美丽的身材。

下面我们详细分析弹力带塑身的法则。

骨盆倾斜会使得身体跟着变形，腰会向前凸而腹部也跟着向前凸出。骨盆变形不会只有单方面的歪斜扭曲，一般是以混合的形态变形，如骨盆前倾再加上骨盆歪扭旋转。所以当骨盆向外扩时不只会有小腹出现，还会出现大屁股和O型腿，长期下来，大腿肥厚，且越减越肥。小肚子凸出的烦恼也依然存在。

当骨盆平衡时，身材曲线也变漂亮了，连小腹也跟着不见了。不只是身材变美了，平时困扰的痛经和便秘会跟着解除。因为骨盆回复正确的位置，腰椎和神经以及内脏也不再受到压迫。

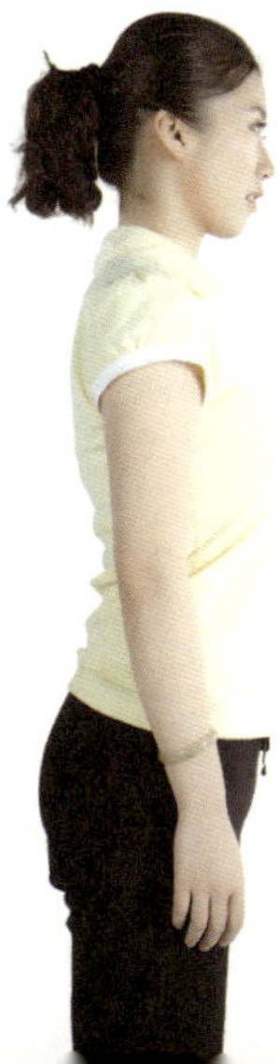

维持良好的姿势才能有健康的身体，下面这些不正确的姿势会使骨盆倾斜、扭曲和变形。

想要摆脱小腹婆和大屁股的魔咒吗？想要快速地瘦小腹吗？那么就要避免下面这些不正确的姿势：第一，站立时要两脚均匀受力，不要三七步，否则骨盆会很容易变形。三七步容易使骨盆向左或向右倾斜，造成肩膀高低不平，小腹凸出等身材缺陷，还容易使腰肌劳损、腰部酸痛。

第二，颈部向前、胸部向后的姿势则会使腰部前移以保持平衡，导致身材佝偻。

第三，坐时不要跷腿，长期跷腿，骨盆容易前倾，腹部脂肪也很快就会堆积在小腹。

每天3分钟骨盆弹力带瘦身运动，一个月可以瘦5～10公斤。

打造高燃脂力体质

将弹力带固定在一个部位再运动，就能矫正骨骼歪斜！

想象一下，如果双手抓住零散的铅笔，没握紧的话，铅笔就会呈现松散状，如果把铅笔握成一束，在桌面上下敲动后，散落的铅笔就会紧靠在一起。用弹力带取代肌肉，把身体特定部位紧紧固定，暂时发挥支撑骨骼的功能，在这个状态下运动，就和铅笔紧束在一起的原理相同，歪斜的骨骼会恢复原状，让身体骨骼记住正确位置，渐渐地，肌肉就会产生支撑骨头的力量。

骨盆绑法

绑上弹力带
矫正你的骨盆

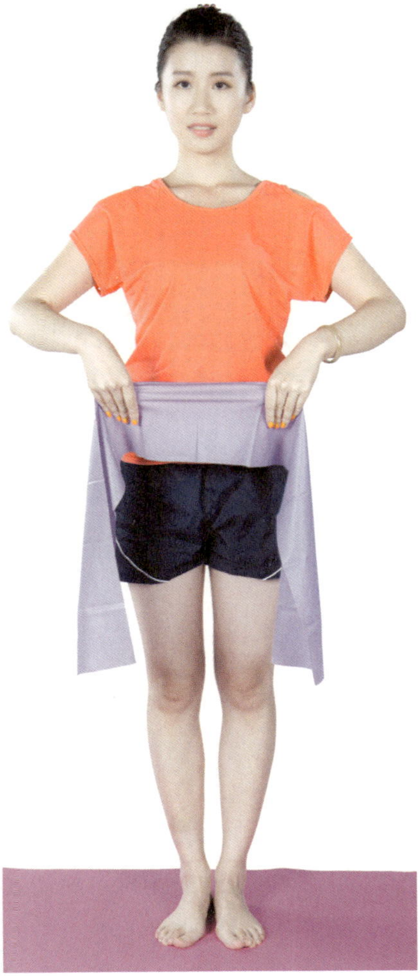

步骤1. 找出弹力带的中心点，轻轻把弹力带的下边缘靠在肚脐向下4指的位置。

步骤2. 双手展开弹力带，从前面往臀部后面开始绑绕。

步骤3．弹力带在臀部后方交叉后，用力往前拉，这个时候，请自行调整到让自己感觉最舒服的松紧度。

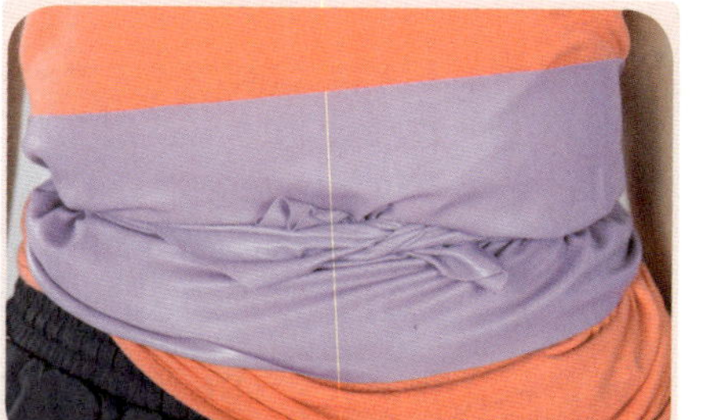

步骤4．弹力带拉到前方时，两端塞入紧绷的弹力带的内侧，或是将两端打结绑在一起。

两肩后交叉绑法

步骤1. 将弹力带对折后紧贴在肩部，以自己的肩膀的宽度再加上一个拳头的距离为使用长度，在此处打结固定。

步骤2. 把弹力带绕成8字形，挂在双手手腕上方。

步骤3. 双手向上举，如同欢呼的姿势。

步骤4. 将弹力带滑至肩膀根部后，再往头部后方移动，就像背着后背包的动作。

步骤5. 绕过两肩即完成，此时弹力带是绑绕在肩膀上、压在腋下的，请自行调整舒适度。

瘦小腿绑带法

步骤1. 刚开始绑时，先将弹力带固定在脚踝上，一边拉紧弹力带，一边往腿部上方缠绕。

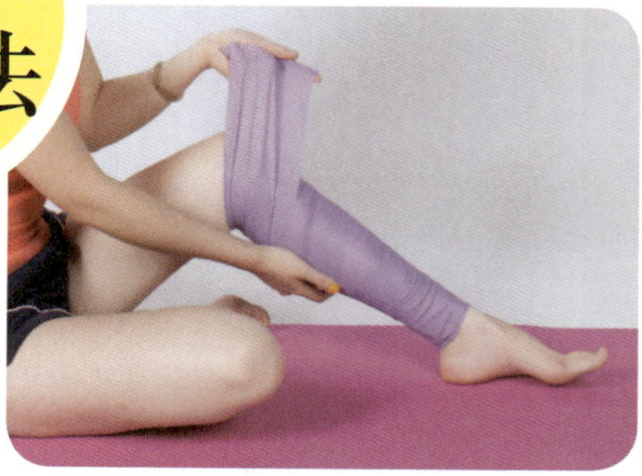

步骤2. 一直缠到膝盖上方，在腿部施以均等的压力，再把弹力带反折固定，这样绑缚的状态要维持3～5分钟。

瘦大腿绑带法

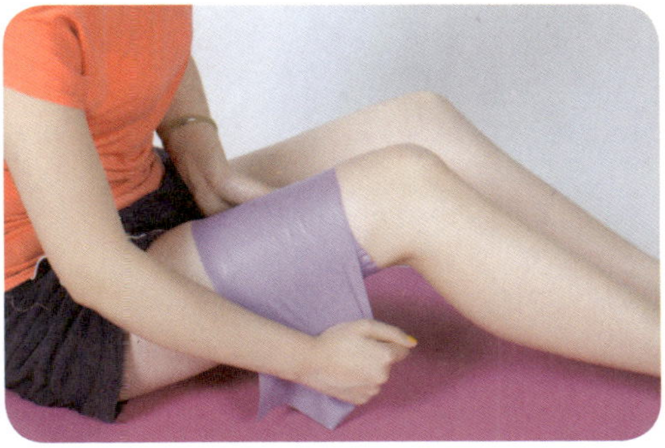

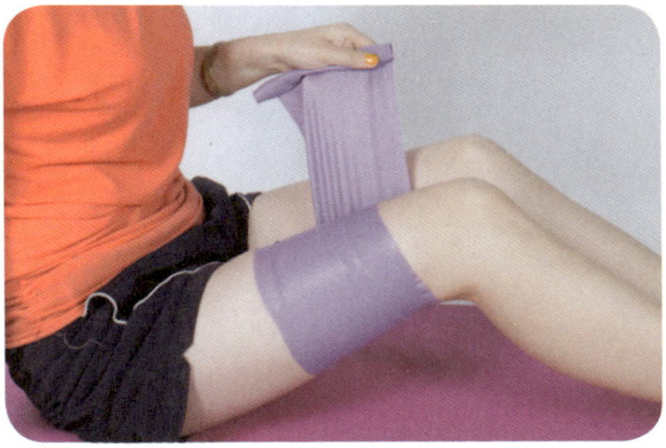

步骤1. 从有淋巴结的大腿根部开始，一边拉紧弹力带，一边往下缠绕。

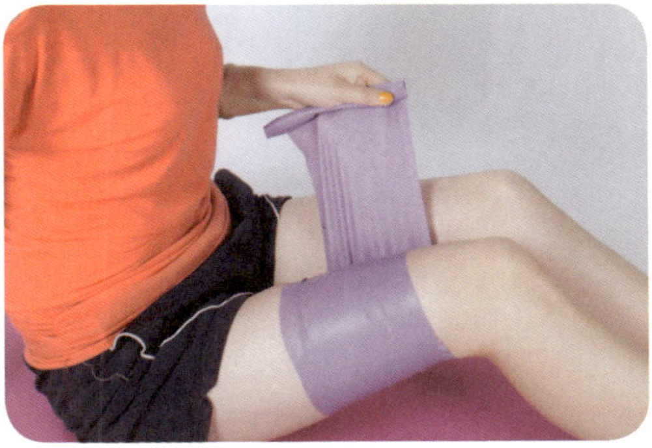

步骤2. 注意：绑太紧会造成血液循环不良。缠绕时只要感觉舒服、便于活动就可以了，至于缠几层及绑缚的宽度，依个人情况而定。绑紧后要维持3～5分钟。

第七章

修正你的状态

日本一向引领着减肥的潮流，我们在这里要推荐一个日本流行的1分钟减肥操。据说每天只要花1分钟，一个月就可以瘦下7公斤！除了消耗脂肪和热量之外，还能调整骨盆和脊柱的位置，将腰酸背痛等不适问题一并解决。

提高肌力

削减脂肪

矫正歪斜的股关节及骨盆
提高肌力，同时消耗脂肪。

我们平常能自由活动手脚和身体，是因为人体中有200多个关节，而将上半身和下半身联结在一起的股关节及骨盆，则是最主要的关节中枢。

生活中不良姿势及习惯动作，会使股关节或骨盆产生歪斜，反过来看，当股关节或骨盆歪斜时，就会在身体各部位出现问题。支撑关节使其顺畅地联动就是肌肉的主要机能，也就是肌力。

做仰卧减肥操，可以在身体承受最轻负重的状态下，帮助身体各部位衰退的肌力恢复，让股关节或骨盆的歪斜获得矫正。要注意的是，再回到平常的生活形态之中，肌力还是会衰退，歪斜的状况也会再出现，因此必须持之以恒地进行仰卧减肥操，在反复的运动中，原本暂时恢复的肌力会越来越强，身体健康状态当然就能随之改善。

四招基本仰卧操，就是这么简单！

据说，这套仰卧操只需要每天早上醒来、晚上睡前各做1次，每次1分钟，快则一星期，慢则半个月，就可以发现身体疼痛不适减轻，或体重减少！只要花1分钟就可以换回窈窕与健康。

第1招 30° 向外抬腿

从入门的第1招开始，每回重复5次，觉得体能状况还不错的话，就可以再继续进行2、3、4招。这一动作重点在于刺激侧腹和大腿的肌肉，疏解紧张的肢体，调整股关节，做完第1步，会感觉下半身明显变得轻松！

预备动作： 平躺，双脚打开与肩同宽，双臂自然伸直，平放于身体两侧。

单脚抬起：左脚开始，数1、2时往左斜上方抬起30°。抬脚时脚尖先抬起，膝盖用力伸直。一开始可能会做不好，但只要坚持几次就会逐渐规范。

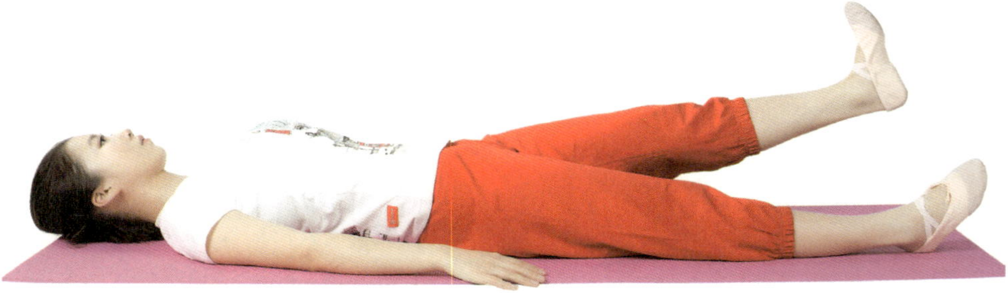

定点停留：数到3、4时抬起的左脚稍做停留，此时脚跟与地面的垂直距离约10厘米。如果无法一下达到，就从自己能够抬起的高度练习。

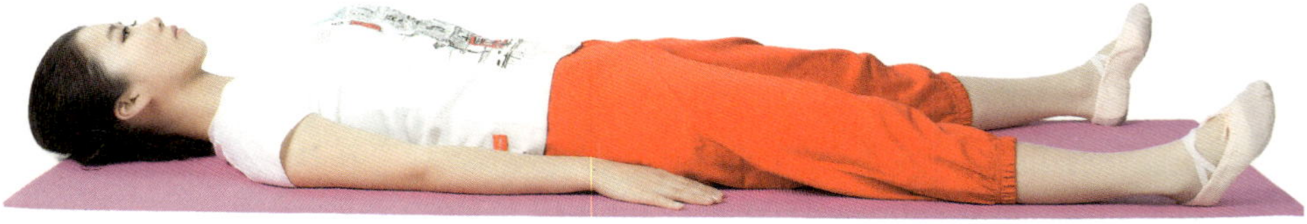

归回原位：数到5，左脚缓缓放下来，归回原位时脚跟不要着地。以上动作重复5次。

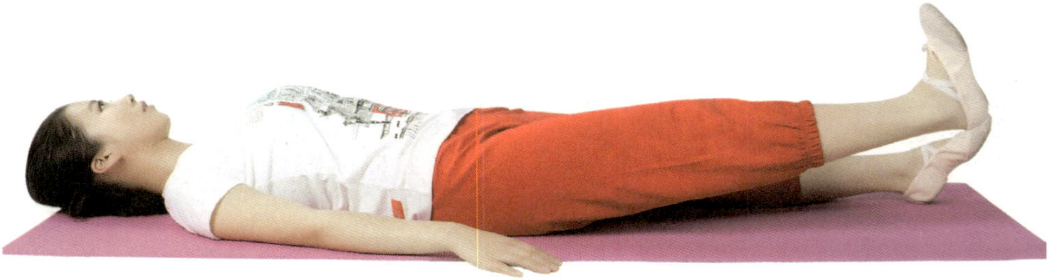

左右交换：右脚同样动作，也重复5次。节奏以秒针走动的频率为准。

第2招 90° 向内抬腿

看起来似乎很简单的动作，实际跟着做就可以清楚了解腹部、大腿的肌肉非常用力。这个动作具有加强腹部和大腿的肌肉力量及调节股关节的功效。改善身体状况，去除全身脂肪。

预备动作：平躺，双腿张开比肩略窄，双手自然伸直，平放于身体两侧。

单脚高抬：从右腿开始做起，按照秒针的频率进行。数1、2将右腿往左上方高高抬起，尽量抬高。进行时脚背要打直，脚踝不能弯曲，膝盖不要出力，要用到全身的肌肉。

定点静止：数到3、4，抬起的右腿静止，停留在原点，此时将双腿展开近90°。坚持5秒钟。

缓缓回复：数到5时，右腿慢慢回复到原位。重复5~7次。注意做这个动作时千万不要"砰"一声，就把脚放下去。

左右换边：左腿跟着做相同的动作，慢慢重复5~7次。

第3招 抱体仰卧起坐

这个体操要在抱住膝盖的状态下进行，难度比较高一点，刚开始可以先在自己的能力范围内进行，然后再逐渐完善。它可以增强胸、腹和腰部四周的肌力，强化背肌，调整脊椎扭曲，呼吸器官、内脏机能都会活络起来。

双手抱膝：平躺，双手从右膝盖下方抱住大腿，将右腿拉往胸口，脚踝自然放松。

引体向上：用力抱住右大腿，以腹部的力量引体向上，拉起上半身，像做仰卧起坐一样。起身的同时，脚板要往下压。

恢复动作：同样抱着大腿恢复到平躺的姿势，重复5～10次。

换边重复：接下来换边动作，双手从左膝盖内侧抱住左大腿，同样拉起上半身，重复5～10次。

第4招 侧卧滑臂抬身

除了起床后、睡觉前，当然你也可以边看电视边做仰卧操。侧卧版仰卧操可以刺激平日不常使用到的身体侧面肌肉。借着一伸一缩的动作，可以消除体侧不易去掉的脂肪，加强肌力腰身就可以变得纤细！

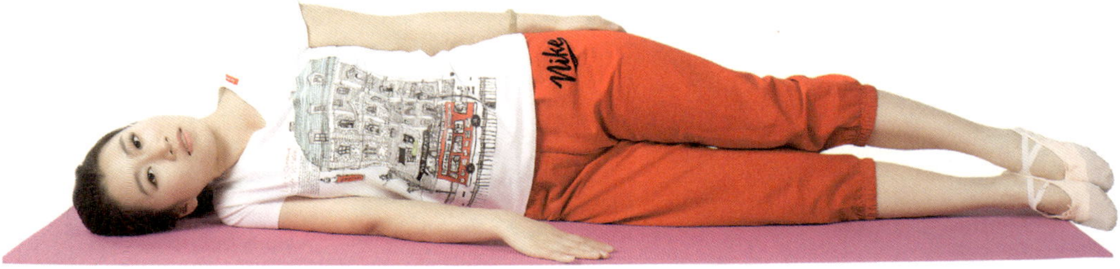

预备动作：身体侧躺，放轻松，头部轻轻躺在地上，双手平放在身体两侧，双腿自然伸直。

手臂滑动：上方的手臂缓缓朝大腿方向滑过去，同时上半身抬起，在可以撑起的最高位置停住，然后恢复原位。重复5次，换边动作。

注意事项 穿睡衣或宽松的衣服最适合

适合睡前、起床后做的仰卧操，当然穿睡衣来做最恰当啦！太贴身的衣服，像是牛仔裤之类的，会束缚住腰部和各个关节，不但不能矫正身体的歪斜，还可能使情况更恶化。所以，睡前换上宽松的衣服，身体完全放松，这个状态下最适合做减肥操。

矫正

是一项长期工程

不同的体形就有不同的减肥方法，同样的，不同体形也有相对应的骨盆矫正操，只要每天花5分钟的时间，躺着就能让你的腰围、臀围马上缩小2～4厘米，让你瘦得美丽又健康。

矫正脊椎弯曲

1. 趴下后用双手撑住面部，两腿打开与肩同宽，腰部挺直。

2. 抬起右腿，用右脚脚跟敲击背部6下后，再换左脚。

矫正骨盆十个习惯
促进新陈代谢 塑造迷人身姿

1 并拢脚端坐

坐在椅子上的时候，注意并拢脚，让力量均匀落在双腿上，跷腿坐，扭转的腰部会使骨盆歪斜。坐的同时，要伸展背肌，双肩打开。两手叠放在大腿上，会显得更优雅。

2 双手拿东西，保持平衡

将买的东西分成两部分，用两手分开来提以保持平衡。背挎包的时候，注意养成交替方向背包的习惯，总是用一侧背包，也会造成脊椎骨和骨盆的歪斜。

3 站立的时候，把重心放在双脚上

乘坐地铁或公交车，站立的时候，注意将体重平分在双脚上，笔直站立。以稍息的姿势将重心放在单脚上的习惯，是造成骨盆歪斜的原因之一。为了能够笔直站立，平时就要注意锻炼腿部和腰部，使其保持直立姿态。

4 伸展背肌端坐

坐下的时候，伸展腰部让髋关节的部分正确地弯曲，将骨盆置于正确的位置。瘫坐会拉伸髋关节，还会使背肌弯曲，骨盆也会变松弛。坐下的时候要注意伸展背肌，保持挺直。

5 坐在地板上时，盘腿坐为最佳

坐在地板上时，以能够伸展背肌的盘腿坐为最佳。跪坐也可以，但是会使腿发麻，可以将坐垫折起来夹在臀部与脚后跟之间，这样会觉得舒服些。会使背骨变圆的"屈腿坐"，两腿偏向一侧的"侧向坐"，都是造成骨盆歪斜的原因。

6 使用符合颈部曲线的枕头

背靠墙壁时，头部与墙壁之间会有一个手掌厚的空隙，而能够填补这个空隙和颈部曲线的一个半圆形枕头，是最适宜的。过高的枕头，会过度拉伸本来S形曲线的背骨，造成背骨和骨盆的歪斜。

7 穿合脚、有后跟的鞋走路

合脚的鞋穿起来舒服，走路的时候能够充分利用到从脚尖到脚跟的整个脚掌，对于保护骨盆和保持良好姿态也是最合适的。相反，没有后跟固定的平底鞋，会导致脚踝受力过大，无法柔软地活动，所以要尽量穿有一点后跟的鞋。

8 捡东西的时候，注意降低腰部

捡掉在地板上的东西时应先伸出左脚蹲下再用右手去捡，这样不会使腰部和背部都产生负担。弯下腰，同时伸出右手和右脚（左手和左脚也相同）去捡东西，如果不小心，会造成闪腰，特别是上了年纪的人需要注意。

9 轻轻地下楼梯

与上楼梯相比，下楼梯会让膝盖承受更大的负担。动作很大地下楼梯，会给膝盖造成很大的冲击，所以，要注意动作力度，以尽量不发出声音为好，另外，轻轻地下楼梯还可以锻炼小腿内侧的肌肉和腹肌。

改变
穿鞋习惯

夹脚凉拖

夹脚拖鞋五彩缤纷，时尚又好看。但是你可能没想过长期穿夹脚趾的凉拖鞋对人的健康是有害的。因为穿鞋的人在行走时脚前部因为缺少力的支撑，脚趾自然而然地要在行进中夹住鞋，慢慢蜷缩成爪形。同时，由于身体重心倾斜到前脚掌，足弓关节过度受力，这样会导致脚部疼痛并发炎，严重者形成拇指外翻。另外，人们在穿夹脚凉拖时，为了平衡前倾的身躯，腰部自然后仰，久而久之，会损伤脊椎。

健康提示

连续穿着时间不宜过长，最好穿一天休息一天。要注意前掌夹趾材料的选择，尽量选择比较柔软、不刺激皮肤的材料。

绑腿高跟凉鞋

这几年夏季流行长裙配绑腿凉鞋，看上去很优雅吧？可是绑腿凉鞋却是一种最中看不中穿的鞋子了。在系带子时，为了不让带子下滑，很可能会将小腿紧紧绑住，行进过程中血液流通不畅，很可能导致下肢水肿。

健康提示

要想兼顾时尚与健康，选择绑腿凉鞋的时候应该选绑腿的带子宽一点的，这样能够减小带子对腿部的压力。

高跟鞋

据说高跟鞋是对女人的惠赐，确实，高跟鞋是越高越美，而且跟越细越迷人。但是只要穿上超过5厘米的高跟鞋，机体就会不适应。因为脚跟往上抬的缘故，重心将落于前脚掌上，使得踝关节稳定性变差，容易有脚踝扭伤的危险。不仅如此，也会影响到膝关节，因为重心线落于其前方，故膝盖容易有往后顶的情形，也就是过度伸直，此状况会加速关节磨损及退化，使得膝盖产生疼痛，甚至无法下楼梯。另外，骨盆会有往前倾的现象，造成屁股往上翘，腰椎过度前弯，致使腰椎关节受压迫，背后肌肉长度缩短，下腹部肌肉松弛，产生腰酸背痛的现象。

健康提示

如果穿着10厘米高跟鞋，应该在鞋的内部添加一些缓解压力的内垫，比如硅胶垫片，能够缓解前脚掌的压力。

尖头皮鞋

长裙、尖头皮鞋、铆钉……都是不变的时尚。因为尖头能修饰脚形，所以被很多女人钟爱。但是尖头皮鞋前端又硬又瘦，脚趾严重受挤压，容易诱发趾甲内嵌、拇指外翻、鸡眼。鞋尖部位空间小，空气流通困难，容易滋生细菌。穿尖头皮鞋走路时，会对足的前半部造成更大的压迫，容易造成血流不畅，长此以往，血液难以将营养物质、热量和氧气等供应到足尖部，容易造成足部畸形，引起骨盆歪斜。

健康提示

鞋子好看脚受不了，最好能和平底鞋换着穿。在生长发育期的女孩子，最好不要穿尖头高跟鞋。

雪地靴

最近在网上有一个帖子说，英国骨科学院院长伊安德里斯戴尔博士研究发现：雪地靴使用的都是很软的材料，内部空间相对较大，穿上后脚在里面会出现一定的滑动，每走一步路，重力都会沿着足部向周围散开，使脚弓受到较大的冲击，从而对足部、脚踝甚至臀部造成伤害。虽然雪地靴暖和又舒服，但是穿着时还是要适可而止。

健康提示

选鞋确实不能只图舒服，还要注意大小及是否合适个人脚部生长特点，长期穿雪地靴，由于鞋子尺寸都大于脚，脚在里面来回滑动，除了走路容易疲劳外，还可能造成脚畸形。

松糕鞋

松糕鞋的鞋底太厚，行走时容易使人身体前倾而失去重心，扭伤脚部关节、骨骼或韧带。全世界最爱穿松糕鞋的是日本女生，但是日本的研究发现，有23%的女士因穿松糕鞋在街上行走时身体失衡而跌倒。

重点提示

穿鞋子最好是各种各样地换着穿，这样对脚、骨盆、脊柱都有好处。

为了骨盆
我们可以更挑剔

留意买健康鞋子

1．鞋头高：最好选脚趾在鞋头可以微微弯曲的鞋子，至少要有0.5～1厘米的空间让脚趾活动。

2．鞋身硬而宽：鞋身要有一定硬度和韧性，避免左右晃动。鞋子的宽度不能太窄，应该有0.5厘米的活动空间。

3．鞋跟硬实：鞋后跟部分一定要硬，这样才能保护双脚。

挑好买鞋时机

要买鞋最好在下午三四点的时候，这时的脚会比较胀，此时选择的鞋子在日后穿着时不会挤脚。此外，最好能试走5分钟，确保鞋子真正合脚舒适才买。

新鞋要加软鞋垫

穿高跟鞋时，可以在足弓处贴个软鞋垫，可以减少脚底承受的压力。另外，鞋跟高度最好不要太高，以3～5厘米最适宜，鞋跟也不宜过细，否则难以稳定支撑体重，鞋头最好不要过窄，让脚掌及脚趾能够呼吸。

高跟鞋不要每天穿

喜欢穿高跟鞋的女性朋友，一天最好不要超过两小时，以免影响健康。建议不妨在办公室准备一双舒服的平底鞋，与高跟鞋交替着穿，可减轻足部的疲劳。

适当使用止滑、防震垫

穿凉鞋时，可以将止滑或防震垫贴在鞋的前部，可以减轻足底承受的过大压力。

回家要常按摩足部

穿高跟鞋时，脚趾和前脚掌连接部位会疼痛，这主要是由于前脚掌承担了过多的体重所致。久而久之，此部位的骨头和关节就会提早退化。经常做足部按摩，可缓解韧带压力，还能促进血液循环，减轻足部及腿部的疼痛。

第八章

30天改变你的体形

学习肚皮舞动作

天天练骨盆

肚皮舞虽然学起来比较难，但是在塑造形体方面，却是其他运动不能比的。这种舞蹈跳起来全身的肢体都在运动，充分锻炼肢体的协调性，而且其柔韧的动作可以充分运动骨盆、肩膀、手臂和腿的各个关节，让关节在充分的运动中重新平衡。从效果上来说，不仅瘦腿、瘦肚子，还可以瘦脸、瘦手臂，塑造完美腰身。练习肚皮舞可以说是长年久坐的白领们重塑骨盆和脊柱平衡的最佳运动。

肚皮舞矫正骨盆动作
——锻炼肌肉力量 消耗脂肪

准备动作

1. 双脚微微分开，与肩同宽。

2. 双手打开，稍微弯曲膝盖，注意臀部不要向后翘。均匀地呼吸16次。

这个动作是肚皮舞的准备姿势，可以伸直颈椎、打开肩膀，同时刺激大腿肌肉。做动作的时候，臀部不要向后，不然会对颈椎造成压力。

举手骨盆绕圈

1. 双脚微微分开，与肩同宽。微屈膝盖，两只手上举至头顶，手背相对。

2. 保持上身面向正面不动，左侧骨盆沿着“后→侧→前”的顺序画半圆。

3. 右侧骨盆沿着“后→侧→前”的顺序画半圆。顺时针方向绕圈8次，逆时针方向绕圈8次。做动作的时候确保上身不要跟着动。

肚皮舞头颈部动作
——美化颈部线条 柔韧颈椎胸椎

头部左右移

1．两手手掌举到脸部颧骨旁，眼看前方。

2．保持头部不动，让颈部用力向右侧移动，令脸碰到右手手掌。然后再以同样的方式向左侧移动。

3．左右各做16次。

动作要领

刚开始做的时候，手掌与脸的距离可以小一些，等到熟练后，再逐渐增加手掌与脸的距离。要保持水平移动，注意使用颈部的力量。

头部前后左右绕圈

1. 手掌举到脸部颧骨旁。

2. 固定脸部不动，沿着“左→前→右→后”的顺序进行头部绕圈运动。

3. 顺时针8次，再逆时针8次。

动作要领

做动作的时候不要晃动肩膀，尽量利用颈部肌肉来带动头部移动。

手部蛇行运动

1. 右手臂举至胸前，掌心向下并与地面平行。

2. 手腕向下弯曲，手指并拢朝下，手腕在上，形成对角线。

3. 手腕向上弯曲，手指与手掌成直角，前臂与手掌也成直角。形成自然的波浪运动。

4. 手指向上伸直，手腕在下，形成对角线。按照上述顺序，做柔和波浪动作。

动作要领

注意：在做动作的时候，手臂要固定不动，动的是手腕与手指。左右手各做16次，肘部一直保持水平状态。

手臂蛇行运动

1. 双脚分开与肩同宽。先提起左肩膀，然后慢慢地上提手肘，最后提起前臂，手腕向下自然弯曲。

2. 接着手腕上提，左肩膀和肘部向下放。

3. 手腕向下。将上面的动作连起，像蛇爬行的波浪形运动。

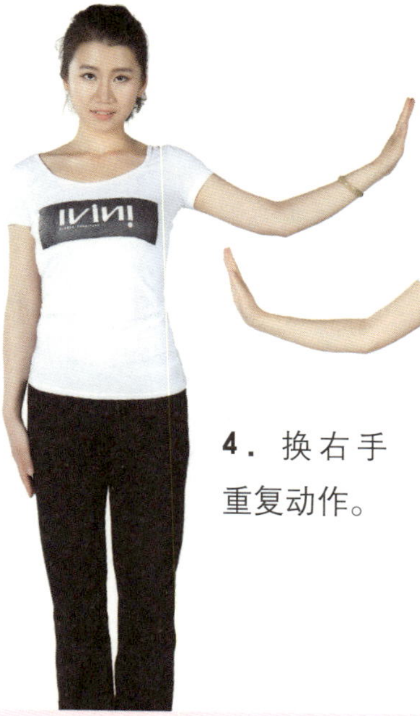

4. 换右手重复动作。

动作要领

提起右肩膀，左肩膀向下沉；右肩膀下沉时左肩膀就向上提。左右各16次。

手指蛇行运动

1．双手在头顶交握，伸直两只手的食指。

2．食指向左边弯曲。

3．食指左右两边交替弯曲，形成波浪运动。

动作要领

做动作的时候两手要紧握，掌心之间不可有空隙。左右各16次。

办公室5分钟
练骨盆塑腰臀

成天坐着办公，椅子寸步不离，就连下班也是坐车回家，长期不动加上久坐，脊椎常常会出现这样那样的问题。最常见也最令人烦恼的就是腰酸背痛和脂肪堆积。在办公室里备个呼啦圈，利用午休的时间也可以充分活动一下，让你的脊椎更健康。

上班族呼啦圈骨盆修正法

背酸、腰痛、长肉，这是上班族久坐桌前的健康隐患。如果你能每天挤出15分钟的时间来运动，转转呼啦圈，只要两个月的时间，你就会发现自己的身体更灵活，腰不痛、腿不酸，腰身变细，精力旺盛。坚持半年，你就会重新获得苗条的身材和健康的身体。

1 后舵式

锻炼目标 手臂、腕关节、肘关节、腰椎、骨盆、后背

1. 双脚站立，与肩同宽，两臂在身后握住呼啦圈左右两边最宽处，使之与身体保持30厘米的距离。吸气挺胸，尽力夹紧肩胛骨。

2. 顺时针转动呼啦圈，直到左手置于头部正上方，右手置于臀后。坚持10秒钟，慢慢深呼吸，感到肌肉在拉长。

3. 回到初始姿势，逆时针转动呼啦圈，直到右手置于头部正上方，左手置于臀后。坚持10秒钟，慢慢深呼吸，之后恢复初始状态。

2 前屈身

锻炼目标

腰背部、双臂及肩关节

1. 双脚站立与肩同宽，双手握住呼啦圈顶端两侧，并将其置于脚前。屈膝、臀部向下坐，到离地大约1米处停住。用呼啦圈支撑身体，向前伸直双臂，感到双肩有拉伸感。

2. 继续向前拉伸身体，直到腹部贴到大腿，然后尽全力将双臂向前伸，感到脊柱和背部正在慢慢拉长。同时深呼吸，放松颈部，保持头部朝下。坚持10秒后，慢慢直立身体。

3 直立扭腰

锻炼目标

肩关节及腰腹部、背部肌肉

1. 与"后舵式"的初始姿势一样，脚尖朝前，双腿与肩同宽，头部与脊椎骨保持一条线。

2. 分别向左、右摆动身体，直到胸部和头部都朝向一侧，坚持10秒钟，并深呼吸。

4 转呼啦圈

锻炼目标 腰腹、下背部肌肉、脊柱。增强骨盆力量和身体的整体平衡力。

转呼啦圈时，眼睛不要盯着呼啦圈（否则会弄乱整个节奏），不要弯腰或者夸张地转动。

抬高下颚，保持双肩、胸部、头部相对稳定，膝部放松。

1. 让呼啦圈围绕腰部转动，向左、向右转动均可。

2. 开始时慢慢转动，找准一个节奏。

3. 接下来把你的双手举过头部（这个动作可使身体保持稳定）。

4. 转动3分钟后停下来，再向反方向转动3分钟。

难度升级版 直立扭腰

锻炼目标

手臂肱二头肌、肱三头肌、肘关节、腕关节

1. 单手紧握呼啦圈，将其举过头顶。做出准备向外投掷物品的动作，慢慢摇起呼啦圈（好像在用绳套索捕猎物一样）。

2. 每一次转动呼啦圈，都是先抓住后放手。一旦开始后，就要打开手掌，使呼啦圈围绕手掌转动。

3. 转动一分钟后，换另一只手，共坚持10分钟。

小知识

按摩肚子减腰腹

腰腹部的赘肉是最难减掉的，想要达到快速瘦腰腹的效果，39网友分享了一个小诀窍：按摩腰腹部，可以有效减少腰围。

晚上洗过澡，在肚皮上滴8～12滴瘦身精油，然后用手拍打均匀。双手紧贴肚皮，五指相对，由下腹部向上推到乳房下；双手大拇指从小腹部向上推到肚脐，再滑向腰背部，用力向上提。然后从上腹部向下推到肚脐的位置，再滑到腰背部；双手由肚脐处分别向两边斜下方按压；双手交替在肚皮上用力大圈旋转扭动脂肪，顺时针方向10次，然后换逆时针方向10次；大拇指和四指提捏腹部，双手空心拍打腰侧和肚皮。

在上脘穴位上反复按摩10次左右，位置在脐上五寸，按摩有轻微压痛。中脘在脐上四寸的位置，反复按摩10次左右。

肩颈瑜伽

赶走肩颈酸痛

第一组动作

1. 站立，两脚张开，小腿绷紧，双手置于胸前，十指交错，掌心向外，拉伸。

2. 在动作1的基础上，头交替压向左右两边。

3. 两脚并拢站直，低头，手向前伸直，与身体约成30°角，五指微张。

4. 膝盖弯曲，双臂抬起，与肩同宽。

5. 头部慢慢向后仰，抬手，掌心向上，双手慢慢拉向背后。

第二组动作

1. 双手紧贴大腿，双脚张开，呈倒“V”形。

2. 脚尖朝外，膝盖弯曲，重心下移。

3．双手放于脑后，腰部活动，带动身体压向左右两侧。

4．双脚呈倒“V”形张开，双手呈“V”形举起，略向后舒展。

利用零碎的时间
让骨骼更有力量

一、边等公车边垫脚运动

无聊的等公车时光，如果你还只是拿来听音乐，真是太可惜了！下边的小动作，可以让你的脊柱得到很好的放松，锻炼腿部支撑力量，减轻你脊柱的负担，让你身材更挺拔。

步骤1：双手自然下垂，双脚打开与肩同宽。（如果重心不稳，也可以扶着东西进行）

步骤2：抬头挺胸，肚子收紧，臀部不可以翘起来，双脚同时慢慢踮起脚跟，以脚尖站立，然后慢慢放下脚跟即可。反复做10次。

二、臀部夹紧

这个动作其实很简单，不管你是在等公车或坐在办公桌前，甚至是站着聊天，不限任何场合都可以做。只是动作的私密性很高，宜在没人察觉的情况下练习，经常练习这个动作，不但双腿会变直、屁股变翘，也能帮助子宫收缩。

三、走路跨大步伐

走路谁都会，只是要锻炼骨骼力量的走法和平时走路要有所区别。在下了车走进小区的时候，大步健走，可以让你的骨骼更有力量，还可以塑造挺翘臀部。这个动作更简单，只要每天走路时尽量跨大步，速度可以放慢一点，不必像急走那样激烈。当你一跨大步就会发现已经运用到了屁股上的肌肉，同时也减轻了腿部肌肉的负担。

善用大腿、臀部肌肉群一起执行走路的动作，让你的腿部肌肉得到充分的锻炼，大腿会更有力，从而减轻骨盆和脊柱的负担，全身平均受力，身形自然挺拔，长期坚持，说不定身高还会多出那么1~2厘米呢。这个动作还可以运动到屁股，有紧实肌肉的功效呦！

四、充分利用午饭时间锻炼腹部及大腿

午休的时候，大家都围在一起吃饭聊天，下面介绍的动作，最适合在桌子底下进行。有一点点累的感觉，但不至于脸红脖子粗，还可以收紧腹部肌肉，锻炼大腿力量。

步骤1：椅子坐到底，下背部也要贴在椅背上，两肩放松，身体维持平衡，不要左倾或者右倾，双手放在大腿上，提高一侧膝盖，膝盖自然弯曲，小腿下垂不用力，小腹及大腿用力。

步骤2：保持10秒，慢慢将腿放下，换另一边进行。反复进行12次，今天的功课就完成啦！

专家提示

这个动作的重点是：抬腿的时候多停留几秒钟，千万不要一抬起来就放下了。

五、看杂志的时候也别忘记调整状态拉伸肌肉

看杂志的时候，模特们的苗条身材有没有让你很羡慕？别耽误时间，赶快动一动！利用看杂志的时间拉伸大腿内侧的肌肉，可以让你的腿形更完美。这个动作还可以让骨盆也充分运动起来，调整因为一整天坐椅子而导致的僵硬状态。而且这组动作还锻炼腹部肌肉，塑身效果非常好，小腹婆们可以多练习。久坐一族的白领们，也可以多多练习，预防长肚子。

效果：塑形、调整骨盆状态、瘦小腹。

步骤1：用左手撑起头向左边侧躺，右膝弓起，右脚踩在左大腿前方。

步骤2：右脚不要移动，利用左大腿的力量，将左脚向上抬起。每次反复运动12下，左右各自4个循环。

六、边看电视边瘦大腿

上班一整天之后，看看电视剧也是一种放松休闲的好办法。不过，办公椅上坐了一整天，再在沙发上坐到睡觉前，这可不是个好习惯。长期下去，你的骨盆会逐渐歪斜，而且，小肚子不知不觉就长起来去不掉了。所以，即使是在看电视放松的时候，锻炼也不能放松。怎样二者兼得？看看下边两个小动作，照着做做，坚持一段时间，不仅可以预防骨盆变形，还可以去掉小肚子，更重要的是，你会发现自己的大腿越来越有力，而且也越来越纤细了。这个看似简单的动作，可以有效紧实大腿，消除不当的赘肉，重塑大腿线条。

效果： 瘦腰、瘦大腿、预防骨盆变形、增强腰腹和大腿力量

步骤1： 将枕头夹在小腿中间，大腿和小腿成90°角。

步骤2： 小腹、大腿出力，缓缓抬起小腿，并保持3秒。反复做8次，4个循环。

七、办公室里坐着时给膝盖增加点负担

你可能没有注意到，平时我们坐着的时候，腿部是很"轻松"的，无意间的生活习惯，让我们无形中丧失了许多锻炼的机会。教你一个终极绝招，把椅子调整到适当的高度，以双脚自然落地为准，然后给两个膝盖中间夹一支笔，或者一张作废的打印纸。大腿用力，不让它掉下来。坚持半个月，你会发现大腿变瘦，而且上下楼梯都比以往更有力量。最重要的是，腿围比以前小了好多。

吃对食物
益骨骼

1 芝麻

芝麻提供人体所需的维生素E、维生素B_1、钙，特别是它的亚麻仁油酸成分，可去除附在血管壁上的胆固醇。而且芝麻富含钙质，要改善骨骼，多吃芝麻好处多。

2 香蕉

香蕉含丰富的钾、脂肪，而钠的含量很低，多吃香蕉有助于身体水分代谢，消除水肿，让你的骨骼负担大大减轻。

3 苹果

苹果所含水溶性纤维质果胶可清肠，主要功效在于瘦身，减少脂肪堆积，保持形体健康。

4 红豆

可增加肠胃蠕动，减少便秘，促进排尿，所含纤维素可帮助排泄体内水分、脂肪等，促进身体代谢，帮助我们的骨骼充分吸收营养。

5 牛奶、酸奶

一杯牛奶可以满足人体30%的钙需求，强壮骨骼必不可少的食物就是牛奶，对于女性来说，选择维生素D强化牛奶更有好处。酸奶除了钙含量丰富之外，维生素D的含量也很丰富，而且，酸奶有清肠排毒的功效，这对于有意减肥的女性来说，是一个很好的选择。

6 沙丁鱼

增强骨骼无非两样营养，钙和维生素D，沙丁鱼两样成分含量都很丰富。增进骨骼健康必吃食物之一。

7 三文鱼

三文鱼通常被认为是有益心脏的食物，因此备受欢迎。营养骨骼也吃它，因为它富含维生素D，85克的三文鱼就能满足人体一天的维生素D需求量。整天待在办公室里的女性、怕晒黑的女性，可以选择多吃三文鱼来补充维生素D。

8 菠菜

不爱喝奶的女性，可以选择多吃菠菜来解决钙质需求，每天一小碗凉拌菠菜就能补充人体日常的钙需求量，而且菠菜里富含纤维素、铁和维生素A，对女性减肥大有好处。

9 豆制品

对于女性来说，营养骨骼必不可少的就是豆制品了，很多研究都证明吃豆制品对女性的骨骼有很重要的作用，专家称豆制品中的大豆异黄酮有助于维持骨骼的密度，改善钙流失的速度。现在多吃豆制品，不仅可以强壮骨骼，对于以后的骨骼健康，也是大有好处的。

图书在版编目（CIP）数据

30天“整骨”美形DIY计划 / 39健康网 编. —北京：东方出版社，2012.12
ISBN 978-7-5060-5987-9

Ⅰ.①3… Ⅱ.①3… Ⅲ.①女性—人体美—通俗读物 Ⅳ.①B834.3-49

中国版本图书馆CIP数据核字（2012）第310672号

30天“整骨”美形DIY计划
（30TIAN ZHENGGU MEIXING DIY JIHUA）

编　　者：39健康网
责任编辑：杜晓花
特约编辑：张　敏
出　　版：东方出版社
发　　行：人民东方出版传媒有限公司
地　　址：北京市东城区朝阳门内大街166号
邮政编码：100706
印　　刷：小森印刷（北京）有限公司
版　　次：2013年2月第1版
印　　次：2013年2月第1次印刷
印　　数：1—7 000册
开　　本：720毫米×970毫米　1/16
印　　张：10
字　　数：136千字
书　　号：ISBN 978-7-5060-5987-9
定　　价：32.00元
发行电话：（010）65210056　65210060　65210062　65210063

京文育儿智

3岁前决定IQ&EQ

赵京文 / 著

東方出版社

2010 年与多伦多爱乐乐团著名指挥家斯特屯携手录制贝多芬《皇帝钢琴协奏曲》CD。之后在加拿大、美国及斯洛伐克等国进行大型巡演。音乐会场场爆满，每次演出尚未结束听众们便按捺不住疯狂欢呼，场面空前热烈而壮观！

被欧美誉为『键盘老虎』的儿子张海鸥

多次荣获国际钢琴比赛金银奖

2012 年受邀于法国著名国际音乐节，浪漫而典雅的钢琴演奏让观众如痴如醉。德奥那些有见识而又挑剔的古典音乐评论家盛赞他「创造出的音乐美感，无论是猫王还是甲壳虫都会被打动！」

2011 年为纪念钢琴千古巨匠李斯特诞辰 200 周年，受世界顶级古典唱片独立品牌德国 Hänssler Classic 之邀录制 CD。英国《留声机》首席乐评家莫里森将他演绎的作品称为「大师级的手笔，具有跨越历史的震撼力！」

2003 年在第五届 HOROWITZ 国际钢琴比赛中获银奖。同年获 SEILER 特别艺术奖。北京环球音像出版社特邀海鸥录制个人专辑《天才音乐少年》CD&VCD。

Recommend

养孩子莫忽视关键期

养孩子，最难得的是平和淡定的心态。因为，有了这样的心态，孩子不会有压力，父母自己很轻松，养育一个好孩子便是情理中的事。

然而，很多新手父母在养育孩子的问题上很纠结，甚至杞人忧天，之所以如此，是因为自己不了解孩子，心中没底。

实际上，养孩子，父母们无需紧张，走好那关键的几步，其他顺势而为足矣。

从儿科医生，到中国刊业十大新锐主编，京文的每一步都走得踏踏实实。

医生的严谨和扎实的医学功底，媒体人的开拓性思维，对孩子发自内心的爱与细致的观察，外加母爱的本能，使京文对孩子行为的解读既科学又充满了悟性。

正因为具有这种潜质，她养育一个具有高超钢琴演奏造诣和深厚的文化积淀、荣获多项国际钢琴比赛大奖、如今享誉和活跃于欧美古典乐坛、在德国拥有第一个以华人名字命名的“HAIOUZHANG国际音乐节”的天才儿子。对她来说，这似乎也是顺理成章的事。

她的儿子海鸥能有今天，与京文在培养儿子的路上走好那关键性的几步密切相关，与儿子小时候的成长环境更密切相关。

“三岁决定孩子一生”以及“三岁看大，七岁看老”这些说法已经深入人心。越来越多的有识之士意识到，孩子出生的最初几年，对他们一生产生的影响有多么深刻、多么意义重大。

美国儿科医生和心理学家盖泽尔开拓性地发现：婴幼儿在出生后一个月、四个月、七个月、十个月、十二个月、十八个月、二十四个月、三十六个月等阶段，智能上会发生某些特殊的飞跃性发展，这是其他年龄阶段所不具有的，这些年龄阶段就是婴幼儿智能飞跃发展的八个关键期。

了解这八个关键期，对父母们来说有着极为重要的意义。孩子在三岁前，如果父母们能够密切关注这八个关键期，了解孩子在这八个关键期智能发展行为的特征，并清楚如何根据孩子发育的特点给予相应的引导，就可以在育儿的路上走得气定神闲、事半功倍，而且，让孩子终生受益。

而这，正是京文此书能够带给父母们的！

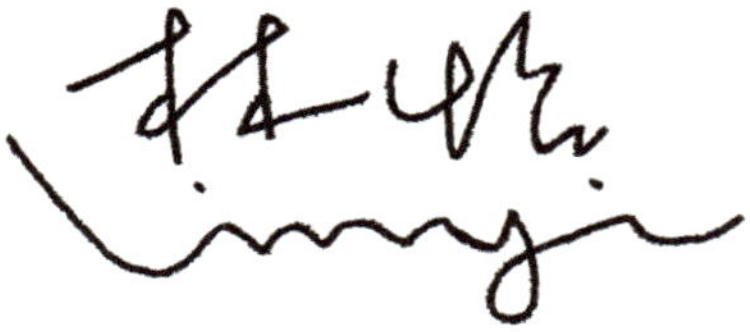

Foreword

写给亲爱的父母们

父母们，你们知道宝宝智能飞跃发展的八个关键期吗？

婴幼儿的智能主要是指大运动、精细运动、适应性、语言和社交行为等五个方面的能力。

生活中父母们经常会发现，宝宝一下子就能独自行走了，宝宝突然就会说很多话了……

难道宝宝的这些小本事是在一夜之间就学会的吗？

不是的！

无论是哪一方面的能力，宝宝都不是一蹴而就的，而是经过一天天由量变到质变的积累，到达某个年龄段时所发生的智能飞跃发展行为。

美国儿科医生和心理学家盖泽尔，几十年来对婴幼儿大运动、精细运动、适应性、语言以及社交行为等五个方面的能力进行了系统观察。

他开拓性地发现，婴幼儿在出生后一个月、四个月、七个月、十个月、十二个月、十八个月、二十四个月、三十六个月等阶段，行为变化最大，出现某些特殊的飞跃性发展，而这些特殊的飞跃性发展是其他年龄阶段所不具有的。

盖泽尔将这些阶段称为关键年龄，标志着宝宝的智能达到划阶段和代表性的成熟度，是智能飞跃发展的八个关键期，并于一九四〇年制定出能较准确反映婴幼儿在大运动、精细运动、适应性、语言和社交行为等五个方面发展的量表，其一直是世界上应用最广泛的婴幼儿发育诊断性测试量表之一。

要知道，宝宝在关键的年龄阶段所出现的每一种新行为，对于他们的整个发育过程都是非常重要的！因为，宝宝的智能发展水平，就是根据他们在这些年龄段大运动、精细运动、适应能力、语言和社交行为等五个方面所表现出的能力来进行测试并评价的。

父母们，居家自测与促进训练对宝宝健康成长益处多多！

我在做临床儿科医生时就对婴幼儿智能测试很感兴趣，当年也曾经参与过很多这方面的工作。这十几年来因从事母婴科普教育工作，有机会与国内儿童生长发育权威专家高振敏主任医师多次接触和合作，更多地积累和完善了此类知识，发现家庭自测确实有很多益处：

1 可以帮助宝宝发挥真实能力，有利于测试结果的准确性。

专业性智力测试，尽管工作人员的操作技术比较熟练，但对于宝宝来说，突然来到一个全新环境，面对陌生人会由于怕生、拘束等原因而哭闹不止，不肯配合，直接影响测试结果。

有个九个月大的宝宝，拇食指对捏动作本来在家里做得很好，但是当测试人员把小药丸放在桌上鼓励他去取时，宝宝却因为害怕又哭又闹，说什么也不肯做，导致测试无法正常进行。这无疑会影响宝宝发挥出真实的能力，而智测结果就是根据不同年龄婴幼儿所应具有的各种行为能力的掌握程度来确定的。

因此，如何使宝宝能充分发挥现有各种能力十分重要。只有努力将孩子的真实能力诱导出来，才能确保测试结果的准确性。如果在家里测试，父母对宝宝各种行为能力的观察是一个动态的过程，比一般的测试人员只能看到片段的情况显然要全面、系统、完整得多。

加之父母经常和宝宝在一起，对宝宝行为上的细微变化发现得最早，观察得最细，宝宝也不会紧张害怕，有利于充分判断真实能力；加之宝宝和父母最为熟悉，不存在太多拘束，测试时也特别有利于宝宝发挥出实际能力，从而有利于确保测试的准确性。

2 适合宝宝身心发育的特点，容易避开各种影响测试的因素。

在对七八个月或两岁左右大的孩子进行测试时往往会碰到一些麻烦。因为，前者正处于怕生阶段，一见到生人就非常敏感、害怕、哭闹；后者正处于第一反抗期，经常会对测试产生抵触情绪。很多时候他们会在规定的时间里不能很好地完成某些测试项目，从而影响测试进行。

除此之外，对小婴儿测试还存在难以与测试者主动配合的问题。比如，对三个月大的婴儿进行大运动和精细动作测试时，相对较容易测试，但进行适应能力、语言和社交行为等测试时，这些宝宝常因要吃奶、要睡觉或要换尿布等多种原因，不能在规定的时间里很好地完成。

但是，如果居家自测就比较方便了，因为测试项目不一定非在规定的时间里让宝宝一次完成。父母可以根据宝宝的情况灵活掌握时间，尽可能选择宝宝状态好的时候进行测试，状态不好或不方便时就拖后测试。另外，也可避开携带小婴儿去外面测试需要带很多东西，或担心人多场所容易造成交叉感染等因素，使父母感到非常方便。

3 及早发现宝宝体内异常信号，不延误最佳治疗或训练时机。

比如，新生儿时期的宝宝，父母只需用一只小铜铃对宝宝进行听力测试，就可及早发现他们是否存在先天性听力障碍，避免延误治疗和训练时机，治疗上也比较简单，可以使宝宝的听力完全恢复，即或利用残余听力学习语言也不至于日后不会说话。特别是宝宝在刚出生时就被发现的话，在得到及时有效的康复语言训练后，到三岁时可能掌握七百个单词，达到正常孩子的发育水平。

曾经有个早产儿，他在出生时发生轻度窒息。出生四十二天时父母带他去保健科复查，由于宝宝未能与测试人员很好地配合，所以没有发现任何异常表现，父母也就放心地以为宝宝很健康。宝宝学会走路后，走起来总是一颠一颠的，父母和其他人都认为刚会走的孩子就是这样，没有引起注意。但是，宝宝到了两岁时还是走得不好，再去看医生被诊断为典型的轻度脑瘫。令人遗憾的是，宝宝这时已经失去了最佳治疗和训练时机。

相比之下，另一个宝宝就比较幸运。父母在进行测试时发现，宝宝快九个月了还不会爬，于是就带他去医院看医生。医生给宝宝做了超声波检查后，确诊为“先天性髋关节脱位”。医生说，幸好宝宝是在一岁以内及时发现的，治疗上比较简单，不用采取手术，只需采取戴宽尿布或支具的方法矫正即可。大多数患病的孩子经过矫正都可在半年或一年后恢复正常。但是，如果在一岁之前未及时发现，关节脱位就会越来越严重。这不仅日后会造成明显异常，治疗上也比较复杂，需要手术治疗。先天性髋关节脱位，早发现、早诊断、早治疗对于宝宝能否康复特别关键！

4 据宝宝智能水平采取个性化促进训练，动态观察智能发展。

家庭自测每次记录测试结果。如果宝宝在某方面的发展稍弱一些，尽早请教有关专家，着重对宝宝的这方面进行促进训练，一般来讲都会使宝宝的能力得到促进和提升。

有个四个月大的宝宝，居家测试时父母发现他的大运动和适应能力发育正常，语言和社交行为发育较好，而精细动作发育却落后一个月龄组。要知道，精细动作发育是有规律的，但往往易被家长忽略。在专家指导下，父母对宝宝加大力度进行精细运动方面的促进训练，比如每天让宝宝多握色彩鲜艳及带响声的拨浪鼓、多握筷子或父母的手指等。这样，不仅促进了宝宝的精细动作发展，同时父母用温柔的声音与宝宝交流，使宝宝的情绪非常愉快，也间接起到促进精细动作发展的作用。宝宝七个月时再进行测试，精细动作的能力已经明显地提高了。

5 既可充分享受亲情，也是促进宝宝的智能发展的最佳时机。

该书介绍的测试方法既简单又轻松，父母很容易在家里给宝宝进行测试。其实，很多智能测试题就如同与宝宝进行亲子交流的小游戏，如藏猫猫、摇拨浪鼓、逗引宝宝或给宝宝唱歌等。在这个过程中，不仅可使父母们充分享受亲情，有机会与宝宝进行更多的亲子交流，为父母增添极大的生活乐趣，而且更为重要的是在对宝宝进行反复训练和培养过程中，还能加速和促进宝宝的智能发展。

6 发现宝宝的超常能力，为其提供更充分发展智力潜能的机会。

少数孩子的智能发展非常优秀或具有某方面的特殊才能，被称为超常儿童。超常儿童约占整个儿童总数的1%～3%，但需要经常进行智能测试，这正是开展家庭自测的优势所在。然而，年幼的宝宝往往自我表现能力比较差，仅凭一两次的测试难以发现其超常能力，家庭测试恰恰就可以做到这一点。

当发现宝宝的智能明显比同龄的孩子发展得快，就要想到他或她可能是超常儿童。曾经遇到一个宝宝，他有着强烈的好奇心，遇事总爱刨根问底，对周围的变化兴趣浓厚，特别是语言能力表现突出，刚刚两岁就具有非常丰富的词汇表达力。经过专业机构测试智商超过了130，属于超常儿童。像这样的孩子，从出生三四个月起父母就应该带到儿童保健机构进行定期测试。一旦被确定超常，可以在有关专家指导下不误时机地进行开发和训练，给宝宝提供充分发展智力潜能的机会。

宝宝关键期父母做关键事，为宝宝智能飞跃发展加油吧！

本书所提供的测评，是国内权威婴幼儿生长发育研究专家和心理发展研究专家在盖泽尔量表的基础上，根据我国十几个省婴幼儿神经、心理发育水平的资料历经多年而研发。现推荐给父母们，旨在帮助父母们了解宝宝在八个生长发育关键期的智能发育水平，通过所提供的亲子训练不误时机地促进宝宝的智能更好地发展，一旦发现异常表现尽早就医，以抓住最佳的诊治时机。

不过，我想指出的是，这仅仅是一个家庭自我测试，并不能完全代替专业人士的评价和诊断。如果宝宝在测试时的表现不尽如人意，父母不要太担心或焦急。首先放松心态，然后找找原因，比如宝宝是否因困倦、疲倦、饥饿或者身体有些不舒服、情绪不佳而导致表现不到位。否则，不但无益于宝宝成长，反而会使宝宝产生不安全感。

宝宝关键期父母做关键事，
珍藏宝宝智能成长之流金轨迹，
为宝宝智能飞跃发展加油吧！

目录 contents

第二个智能飞跃发展关键期（四个月）

第三个智能飞跃发展关键期（七个月）

第四个智能飞跃发展关键期（十个月）

第五个智能飞跃发展关键期（十二个月）

第六个智能飞跃发展关键期（十八个月）

第七个智能飞跃发展关键期（二十四个月）

一个月

第一个智能飞跃发展关键期

opening

在这一关键期，虽然是开发宝宝“抬头”、“眼跟红绒球”、“学听声音”和“握持反射”等能力的良好时机，但是对视觉和听觉等感官能力的训练，以及尽快建立亲密的母子关系更为重要哦！

注意将新生儿的无条件反射和某种刺激相联系，促进条件反射形成。比如，妈妈把将宝宝抱在胸前和喂奶的吸吮动作结合起来，多次反复后宝宝只要一被抱起小嘴就会吸吮。形成的条件反射越多越有利于开发智能。

手是智慧的源泉，多动手大脑才能更聪明。因此，不要给宝宝穿衣袖过长的衣服，以免限制手部的活动，要充分地让宝宝去抓、握、拍、打、敲，成长为心灵手巧的宝宝。

出生不久的宝宝，身体各方面的反应能力都比较弱，测试的时候不一定能很快就达到要求。父母一定要耐心，可以反复进行测试和训练，不过别让宝宝太疲劳。

大运动 Big sports
宝宝会出现哪些行为特点?

1 宝宝会伸直腿迈步了

没想到吧，当父母把手放在宝宝腋下，扶着他们站立在桌面或其他平面时，虽然两条小腿屈曲着，但他们继而会伸直迈步，做出类似迈步的动作呢。

2 小脑袋能竖直一小会儿了

这个时候，宝宝的颈部也有一点儿力量了。握住他们的小手腕轻柔将其慢慢拉起，尽管小脑袋会向后仰，坐起来后小脑袋也会向前倾，小下巴向胸部靠近，不过小脑袋能自己竖直一小会儿了。

3 小脸儿偶尔能短暂离开床面

宝宝俯卧时小屁屁耸起，呈双膝屈曲、双腿蜷缩、头转向一侧、小脸贴在床面上的姿势哦！若将宝宝的小脑袋转正，再逗引其抬头时，小脸儿偶尔还能短暂稍稍离开床面呢。

关键期做关键事！
父母快来测测看 Test

智能自测题

宝宝被拉着小手腕坐起后，头部能竖直一小会儿吗？

正确测试法

宝宝仰卧在小床（带有围栏的童床），父母相对宝宝而站；先弯下腰对宝宝笑笑或说说话，吸引其注意力。待宝宝看父母的脸时，轻轻握住小手腕将其拉坐起来，观察其头部是否能竖直片刻。

提醒一点！小婴儿的胳膊很柔嫩，父母的动作一定要轻柔，以免伤着宝宝。

宝宝达标了吗？

如果宝宝坐起来时能竖直头部，坚持大约两秒钟即为合格。

Pass！
宝宝真棒！

提升智能小训练 Training
为宝宝智能飞跃发展加油！

瞧我多棒！小脖子能竖起来了

训练妙法

妈妈每次喂奶拍嗝后，竖直抱起宝宝，左手托着小屁屁，右手托着小脑袋，避免宝宝的脖颈和小脑袋向后仰。

可以抱着宝宝在房间到处走走，四处看看，也可让宝宝看看外面的景物。其间，妈妈间或试试稍稍短暂松开右手，让宝宝自然伸直一下小脖颈。

Tip

这个训练有助于增强宝宝颈部肌肉的力量。一般到满月时，宝宝的小脖颈就会有点儿力量，能自己竖直一小会儿了。如果还像刚出生时那样软弱无力，可能患有脑瘫，一定要警惕！

了不起！宝宝能自己抬头了

训练妙法

宝宝一出生就会俯卧，但是还不能自己抬头。宝宝出生一周至十天后俯卧在小床时，妈妈可用一只手抬起宝宝的小脑袋，另一只手摇动拨浪鼓或其他能发声的小玩具，逗引宝宝抬眼看。

提醒一点！妈妈摇拨浪鼓的声音不宜太大，次数也不宜过频，以免伤害宝宝稚嫩的耳膜。

Tip

以上两个小游戏会使宝宝的颈背部肌肉力量得到有效的锻炼，促使其尽早抬头并扩大视野。每天最好在宝宝醒来时玩游戏，经过一至两周后即使妈妈不帮助，宝宝也能自己抬头观看玩具了。

精细运动 Fine motor
宝宝会出现哪些行为特点？

1 宝宝的两只小手总是握着拳

在醒着的时候，躺在小床上的宝宝的两只小手以握拳为主，小模样非常可爱！

不过，宝宝的大拇指是放在其他手指外面的。若经常握入手心，父母就要留意了，看宝宝是否存在异常。必要时去看神经科医生，做进一步的检查。

2 小手心一被碰触就会马上紧握

宝宝的小手心很敏感，一被某种物品碰触，比如大人的手指或者是细柄的拨浪鼓（带有响声的），马上就会紧紧地抓握，而且抓得很紧哦。

不过，宝宝的这种表现只是一种无意抓握力，属于先天反射。要知道，新生儿期的宝宝无意抓握力最大，满月后就会慢慢减弱了。

关键期做关键事!
父母快来测测看 Test

智能自测题

用某些大小适宜的物品碰触宝宝的手掌，宝宝是否紧握拳？

正确测试法

让宝宝仰卧在小床上，父母先轻柔地把宝宝的小手指打开，将大小适宜的物品放在小手里，如自己的食指或细手柄的拨浪鼓。然后，注意观察宝宝是否会将小拳头握紧，短时间握住手中的物品。

提醒一点！如果宝宝抓握得过紧，不要强硬拉开柔嫩的手指，以免造成损伤。

宝宝达标了吗?

当这些物品触及宝宝的手掌时，宝宝紧握拳并能短时间握住手中的物品即为合格。

Pass!
宝宝真棒!

提升智能小训练 Training
为宝宝智能飞跃发展加油！

嘻嘻！我的小手真好玩儿

训练妙法

父母把宝宝的小手举起，在其眼前晃动几下，让宝宝注意到。然后，一边唱“小手小手摆一摆，小手小手人人爱”，一边有节奏地在宝宝胸前把小手臂打开、合拢。也可将宝宝的小手放在被子外，让其自由地挥舞小拳头或小手。还可让宝宝把小手放到嘴里吸吮。

Tip

多给宝宝创造小手抓握、握持、玩小手等手功能开发的机会，增进手指的触觉和活动能力，切不可因怕宝宝抓破脸就给戴上小手套，限制小手的活动。

提醒一点！要注意经常把小手洗干净哦，以免宝宝吃进去不洁之物。

瞧瞧！我的小手抓握力真棒

训练妙法

每天在宝宝清醒时，父母不妨经常用手指或者小拨浪鼓去触碰宝宝的小手掌。当宝宝紧紧握住时，不要把手指或者玩具手柄很快抽出来，尽量在宝宝的小手里停留一会儿。等宝宝松开手后，再次放入宝宝的小手里。经常反复和宝宝玩这个游戏，可以很好地锻炼宝宝的小手抓握能力。

Tip

如果宝宝握得太紧，想让其松手可以稍等一会儿或者轻轻按摩一下小手背，宝宝的小手掌就会自然松开。父母千万不要生硬地打开手指，这样会使宝宝的小手受到伤害。

适应性 Adaptability
宝宝会出现哪些行为特点?

1 宝宝对光线有反应了

宝宝虽小，但也有保护眼睛的本能哦。眼睛在受到光线刺激的时候，瞳孔就会保护性地缩小；眼睛被轻轻碰触时，就会眨眼或眯眼。

2 眼前有东西不会熟视无睹

宝宝的眼睛已经管事了，如果在小床上方悬挂一些东西，比如直径十厘米长、毛线缠绕的红球或圆环等，宝宝不再会熟视无睹，而会很注意地去看这些物品呢。

3 会追视映入眼帘的物品

尽管宝宝刚出生不久，视野还不够开阔，但若是有物品比如红球从头部一侧进入他们的视野并向另一侧慢慢移动时，宝宝的眼睛会一直追着看。不过，宝宝的追视能力很有限，仅在九十度之内哦。

关键期做关键事！
父母快来测测看 Test

智能自测题

在宝宝耳边摇动小铜铃，宝宝是否做出听到声音的表情？

正确测试法

宝宝仰卧在床，父母在宝宝一侧耳朵上方九厘米处轻轻摇动响亮悦耳的小铜铃，观察宝宝是否会出现皱眉的表情，或者出现动作改变的反应，如动作减少、增多或停止。

提醒一点！宝宝出现反应的时间一般来说都很短暂，父母要特别注意观察哦。

宝宝达标了吗？

若是宝宝有肯定明确听到声音的表情，如出现以上所描述的各种反应即为合格。

Pass！
宝宝真棒！

提升智能小训练 Training
为宝宝智能飞跃发展加油！

宝宝！快来看妈妈的脸哦

训练妙法

宝宝出生后，在白天醒着的时候，妈妈不妨经常站在小床的对面，经常亲切地喊宝宝的名字。

当宝宝看着妈妈时，妈妈开始移动自己的脸，促使宝宝的眼睛跟着妈妈的脸移动。通过这种视听觉训练，宝宝的视听能力和适应能力都会得到很好的训练。

Tip

要注意哦！每次训练的时间不宜过久，几分钟即可，每天两次就可以了。要知道，过多训练容易刺激宝宝发育还不完善的神经系统，导致烦躁不安。

呵呵，叮叮声真好听！

训练妙法

父母准备一些清洁并能发出声音的餐具或厨房用具，比如汤匙、刀叉、玻璃杯等。可以用汤匙轻轻敲打空着的玻璃杯，让宝宝听那清脆悦耳的叮叮声，这很容易吸引宝宝，告诉宝宝“这是汤匙敲玻璃杯的声音”；也可以把两个锅盖相碰，告诉宝宝“这是锅盖碰锅盖的声音”……

Tip

这种训练不仅可以让宝宝熟悉周围的生活，同时还能够提高听觉记忆力。不过，发出的敲击声不宜过大，那样不利于宝宝的听力发育。

语言能力 Language
宝宝会出现哪些行为特点?

1 宝宝会"自说自话"

尚还不会说话的婴儿，人们认为啼哭是他们表达言语的唯一方式，其实不然。因为，宝宝在清醒的时候还能"自说自话"，就是喉咙里会自动发出各种细小的喉音，这也是宝宝的一种言语表达方式哦。

2 宝宝会注意听大人讲话

人们会觉得，刚出生的小孩子根本不会注意大人们说话，因为宝宝面部对这些并没有什么表情。

从表情上看，宝宝还没有直接的注意力，其实当大人与宝宝讲话的时候，他们已经会注视大人的脸了，在哭泣时若是听到大人讲话，也会不哭了呢。

关键期做关键事！
父母快来测测看 Test

智能自测题

宝宝在醒着的时候，嗓子里是否发出细小而柔和的声音？

正确测试法

刚出生的宝宝几乎整天都在睡觉，大约每天要睡十八至二十个小时。不过，父母在宝宝醒着的时候注意观察他们，看看宝宝的嗓子里是否能够自动地发出细小而柔和的声音。

宝宝达标了吗？

宝宝的嗓子里，能够自动发出任何一种细小柔和的喉音即为合格。

Pass！
宝宝真棒！

提升智能小训练 Training
为宝宝智能飞跃发展加油!

妈妈，你去哪里了？

训练妙法

把宝宝放在舒适的小床里，妈妈要面对着宝宝并且与其视线相对。

然后，妈妈慢慢地转身移动到小床的侧面，一边移动一边对宝宝说：“你看，妈妈去哪儿了？”继而再慢慢换个位置，但还要在宝宝的视线里，接着说：“宝宝，妈妈在这儿呢。”逗引宝宝乐起来，嘴里发出咿咿呀呀的欢快声音。

Tip

宝宝尚小，所以妈妈的声音不要太大，以免使宝宝受到惊吓，也没必要发出过于复杂的声音。反复与宝宝玩这个游戏，对启蒙和刺激宝宝的语言智能大有益处。

妈妈的声音我最爱哦！

训练妙法

宝宝出生后，妈妈可在喂奶或是换尿布的时候，经常用愉快的声音和宝宝说说话，说什么都行，即兴发挥就可以。

比如，念念儿歌、说说家里的事情或者哼唱一些优美的歌儿。这样，会使宝宝高兴地发出“啊、啊”的声音来回应妈妈，还会手舞足蹈表达自己愉快的心情呢！

Tip

要知道，这种训练还可以培养宝宝的发音和口唇的模仿能力，进而刺激语言发育哦！

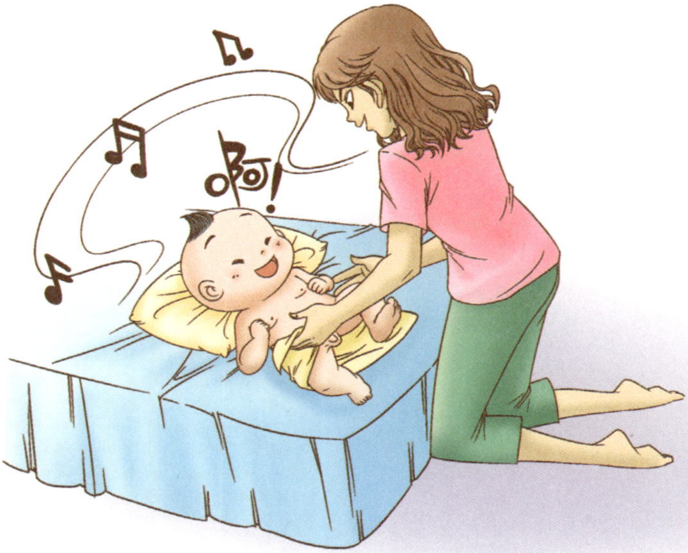

社交行为 Community
宝宝会出现哪些行为特点?

1 宝宝会追着看身边走动的人

不要以为宝宝小，身边有人他们也不会在意。事实并不是这样哦，如果你在宝宝的身旁走动，宝宝的两只眼睛会跟随你转动，一直盯着你，不信就来试试吧。

2 醒时大部分时间在凝视四周

宝宝在醒着的时候，有时眼睛会明确地注视着某个目标。不过，宝宝的这种兴趣可能并不会太持久，大部分时间还是在漫无目标地凝视着周围。

关键期做关键事！
父母快来测测看 Test

智能自测题

宝宝的眼睛是否能够跟随着走动的人转动？

正确测试法

让宝宝仰卧在小床上，父母故意地在宝宝的视线之内走来走去，观察宝宝的眼睛是否会跟随着他们的走动而转动。

提醒一点！新生宝宝的大脑功能还未发育完善，对于外界的刺激很敏感，过多刺激很容易使他们的大脑疲劳，不利于宝宝正常生长，因而父母要适度测试哦！

宝宝达标了吗？

如果宝宝的眼睛能够追随大人的走动而转动即为合格。

Pass！
宝宝真棒！

提升智能小训练 Training
为宝宝智能飞跃发展加油！

宝宝，这些都是什么声音？

训练妙法

宝宝还听不懂语言，所以与他们交往就得采取一些巧妙的办法。父母不妨模仿宝宝发出各种声音，而且还可以不断变化音高和音量。

如果宝宝的反应不明显，父母故意搞出一些奇特的声音来引发他们的兴趣，如放轻音乐、晃动悬挂在小床上的风铃或者做出窸窸窣窣的搓纸声，这都是与宝宝最初交流的好方法。

Tip

除此之外，夸张的肢体语言也是父母与尚不会说话的宝宝交往的一种好方式，这样更容易引起宝宝的注意，而且也会使他们记忆深刻。

听听，是谁在喵喵叫？

训练妙法

宝宝醒来时，父母可以先播放一些轻快的儿童音乐，然后抓住宝宝的一只小手，轻柔地将小手张开，在小手掌里画圆圈。继而，父母的手指再顺着宝宝的小手臂往上画圆圈，一边画一边跟着音乐唱儿歌：“一只小猫在花园，太阳底下睡大觉，睡呀睡呀睡醒了，睡醒之后喵喵叫。”儿歌唱完，妈妈对着宝宝发出“喵—喵—喵”的叫声。

Tip

父母的动作要轻柔，语气要活泼，逗乐宝宝，使宝宝情绪愉快，这样有利于宝宝与父母以及周围人建立信任感，促使互动性更快发展。

宝宝智能测试问答

Q 宝宝是个早产儿，他在出生时胎心有些减弱，医生说可能有轻度缺氧。现在我很担心，听说这样的孩子容易发生脑瘫，在家里怎样及早发现宝宝患有脑瘫？

A 在家中及早发现宝宝患有脑瘫，关键在全面观察智能发育的基础上重点关注宝宝运动能力的细微发育过程，观察是否出现发育迟缓或发育异常的各种迹象。

在分娩过程中，胎心不好表明可能有过宫内窒息，而宫内窒息常见的并发症就是大脑缺氧。脑组织对缺氧是非常敏感的，特别是早产儿，由于脑组织发育不成熟，更易导致大脑受损，是而后发生脑瘫的重要因素之一。但也绝不能认为有过宫内窒息的婴儿，必定就会发生脑瘫，脑瘫的致病因素是较复杂的。

在家中及早发现宝宝患有脑瘫，关键在全面观察智能发育的基础上，重点关注宝宝运动方面的细微发育过程，有无出现发育迟缓或发育异常的各种迹象。如果在最晚出现的时限仍不能完成规定的要求，如抬头最晚的出现时限是出生后四个月，这时应考虑可能存在运动发育迟缓，需带到医生那里进一步配合其他检查以确诊。

Q 宝宝比预产期提前四周出生，这样的孩子是否也可以按照测试标准进行测试？如果在发育方面与足月儿有差距，应该怎么办？

A 按照年龄标准对早产儿进行测试是不适合的。因为，按照足月儿出生的标准进行测试，可能会低估宝宝的发育水平。

个体从胚胎期到胎儿期再到新生儿期，是一个连续不断的生长发育过程，其中任何一个阶段的生长，都需要一定的时间才能保证发育上的成熟。由于早产儿提早出世，在测试时需从实际年龄中将早产的周数减掉。比如，宝宝早产一个月就要从实际年龄中减去四周，以所得的年龄为标准对宝宝进行测试。

医学将胎龄小于三十七周的早产儿称为高危新生儿，所谓高危就是容易出现发育迟缓的现象。对这类新生儿需不断定时地进行测试，这样就能够及时发现宝宝发育迟缓的现象。一旦宝宝与足月儿有差距，开始促进性训练是当务之急！

Q 宝宝经常喜欢用左手玩，右手活动得少，因而右手不如左手灵活。这样会影响宝宝的智能发展吗？怎样训练能使宝宝的右手更灵活些呢？

A 宝宝很可能是个左利手，也就是以左手为主。以左手或右手为优势手对宝宝的智力和将来的发展并没有实质性的影响。

父母并不需要刻意去训练宝宝的右手。不过，一些研究发现，左右两边大脑均衡发展能够更好地发掘大脑的潜能。

所以，父母可以让宝宝做一些需要同时使用左右两边大脑的活动，比如自编体操，方法是让宝宝躺在床上，父母握着宝宝的两只小手一起或轮流跟着节拍做弯曲、伸直的动作，然后双脚也这样做；待宝宝逐渐长大到一两岁的时候，也可以让宝宝用手扔球和用脚踢球，要双手和双脚轮流做；还可以在宝宝左边和右边摇铃，训练左右耳和左右眼。这些练习都可以使宝宝左右脑的配合得到训练，促进大脑均衡发展。

父母亲情手记 Love Notes

___年___月___日___时　　___个月___天

测试项目	测试达标时间
大运动	___个月第___天
精细运动	___个月第___天
适应性行为	___个月第___天
语言能力	___个月第___天
社交行为	___个月第___天

亲情留言

珍藏宝宝智能成长之流金轨迹

宝宝照片

四个月

第二个智能飞跃发展关键期

opening

在这一关键期，宝宝的智能发展处于全面发展阶段，帮助宝宝建立咀嚼功能以及逐步培养良好的条件反射和生活习惯非常重要，如用小勺给宝宝喂食、形成规律性的吃奶和睡眠习惯、开始给宝宝把大小便等。

让宝宝通过多看、多听、多摸、多闻、多尝等感官刺激提高适应能力。比如，训练宝宝听到铃声后迅速转头去寻找；训练迅速看悬挂的玩具以及移动的物品。

在俯卧位练习和巩固抬头动作的基础上开始训练翻身，使宝宝能从仰卧翻身到侧卧。但宝宝完全学会翻身不那么简单和容易，需要经过一个过程。父母要耐心训练，切不要急躁哦！

在母子亲情的基础上，让宝宝学会认识亲人、乐意让大人抱、对着镜子看和笑，继而经常与宝宝玩“藏猫猫”游戏，以此激发和培养宝宝的社会交往能力。

大运动 Big sports
宝宝会出现哪些行为特点？

1 小脖颈越来越有力量了

经过几个月的生长发育，宝宝小脖颈肌肉的控制能力逐渐增强。快看宝宝哦，在俯身趴在小床上的时候，竟然能把头和小胸脯神奇地抬起，与床面形成大约九十度角呢。

2 宝宝会摆出“游泳”姿势

宝宝的小本事越来越大，当他们俯身趴在小床上的时候，还能摆出一副“游泳”的姿势——胸部和腹部贴在床面上时，小胳膊小腿可以完全伸直并且展开，好可爱的样子哦！

3 拉着坐起来时小脑袋不那么后仰了

宝宝的小脖颈越来越有力量了！不像出生四周的时候那样，被拉着坐起来时由于颈部肌肉的支撑力较小，小脑袋总是那么明显地后仰，仅是在一开始时有点后垂。

关键期做关键事！
父母快来测测看 Test

智能自测题

宝宝俯卧时，能自己把小脑袋抬起来并且达到九十度角吗？

正确测试法

让宝宝俯身趴在小床上，小脸朝下，父母在旁边用色彩鲜艳的逗引玩具吸引宝宝抬头，观察宝宝能不能自己把小脑袋抬起来并且离开床面，与床面形成九十度角。

提醒一点！宝宝俯卧的时候，一定要注意松开他们的衣服，让两只小手扒在床上，这样可以让两只胳膊帮助身体做一些支撑。

宝宝达标了吗？

宝宝自己把头抬起来并能离开小床面，大约与床面形成九十度角即为合格。

Pass！
宝宝真棒！

提升智能小训练 Training
为宝宝智能飞跃发展加油!

宝宝，快快爬爬哦!

训练妙法

宝宝吃饱睡足醒着的时候，通常情绪都会很好，小嘴里经常会咿咿呀呀地叫着。

这时，父母不妨先让宝宝俯身趴在床上，然后轻轻地推动着宝宝的小脚丫，促使宝宝向前爬。虽然这么大的宝宝还不可能学会爬，但是经常进行这种训练可为日后爬行动作打下良好的基础。

Tip

由于宝宝还很小，所以每次训练时间不要过长，以免宝宝因疲劳而烦躁哭闹起来。

宝宝，快快翻身哦！

训练妙法

妈妈拍拍手或用玩具不断逗引仰卧在床上的宝宝，促使宝宝的小脸转向左侧或右侧。

这时，妈妈用手轻轻扶好宝宝的背，促其身体转向侧面。当宝宝向侧面翻身时，妈妈要边称赞边在旁帮助宝宝翻成俯卧姿势。待翻成俯卧位后，先让宝宝玩一会儿，然后帮助宝宝翻回仰卧位。

Tip

提醒父母，不要在宝宝刚吃完奶就进行练习，以免引起吐奶。训练的过程中要注意让宝宝休息，避免让宝宝疲劳，否则就会降低训练的兴趣哦。

精细运动 Fine motor
宝宝会出现哪些行为特点?

1 宝宝会玩自己的两只小手了

虽然好玩的玩具会吸引宝宝，但是宝宝逐渐会发现，除了玩具之外自己的两只小手也很好玩哦。于是，他们经常会把小手凑到一块儿自娱自乐，玩得优哉游哉呢！

2 宝宝会一边摇拨浪鼓一边看

宝宝生来喜爱拨浪鼓，但在此之前也只是把拨浪鼓紧紧地攥在手里而已。

到了十六周时，父母把拨浪鼓放在他们的手里，宝宝不仅能够攥在手里，还能一边摇动一边看，小能耐越来越大了。但是，如果拨浪鼓掉下来，宝宝不会再拿起来哦。

关键期做关键事！
父母快来测测看 Test

智能自测题

将拨浪鼓放到宝宝的小手里，宝宝会一边摇动一边看吗？

正确测试法

让宝宝仰卧在床上，父母将拨浪鼓放到宝宝的小手里，鼓励他们去摇动拨浪鼓，观察宝宝是否先将拨浪鼓拿到眼睛的中线部位注视着，然后摇动起拨浪鼓。

提醒一点！如果宝宝不愿意做，父母可以先做一下示范给宝宝看，调动一下情绪哦。

宝宝达标了吗？

宝宝会把手中的拨浪鼓拿到两眼中间的地方注视，而且会主动摇几下即为合格。

Pass！
宝宝真棒！

提升智能小训练 Training
为宝宝智能飞跃发展加油!

我是小彩球的追星族!

训练妙法

小彩球很漂亮，宝宝看了会很喜欢，怎样让宝宝“穷追不舍”？父母抱着宝宝，面前放一些小彩球。

一开始，把小彩球放在宝宝一伸手就能抓到的地方，待宝宝会伸手抓握后，将小彩球逐渐移到远一些的地方，让宝宝再伸手去抓。接着，在更远的地方放一些小彩球，鼓励宝宝继续伸手向远处抓。

Tip

可以训练宝宝接近、触摸和摆弄物体以及手部的主动抓握能力。注意一点，训练宝宝抓握的玩具最好经常更换，以免宝宝对训练失去兴趣。

哇塞！宝宝真能干哦

训练妙法

在宝宝的小床上系一个可以晃动的逗引玩具，或妈妈拿一个拨浪鼓来回晃动。当宝宝仰卧在小床时，先把玩具放在宝宝伸手就能摸着的高度。待宝宝摸到后，不妨把玩具再稍稍升高一点儿，鼓励宝宝继续伸手去抓，并让玩具晃动起来。经常让宝宝练习，最终他们能够用双手一前一后地将玩具抱住。

Tip

宝宝每次抱住玩具，都会高兴地笑出声。通过多次训练，不仅能够提升宝宝的视觉和够物能力，还可培养其意志力，也可以启蒙宝宝的成就感。

适应性 Adaptability
宝宝会出现哪些行为特点？

1 能很迅速看到眼前悬挂的东西

宝宝的视力越来越棒了！当他们仰卧在床上的时候，如果在小床的上方悬挂一些物品，比如红球，宝宝能很快就注意到并且去看。若是在他们的眼前来回晃动小丸（葡萄干或小糖豆等），宝宝也能注意到哦。

2 宝宝对声音开始有定向力了

嘀，宝宝的小耳朵越来越管事了。如果在他们身后晃动小铜铃，宝宝不仅会对小铜铃发出的清脆而响亮的声音产生注意，还会转过头去寻找声音是从哪里发出来的，这表明宝宝对声音有定向力了。

关键期做关键事！
父母快来测测看 Test

智能自测题

在宝宝的身后摇动小铜铃，宝宝会转过头去找声音吗？

正确测试法

妈妈把宝宝抱坐在怀里，爸爸站在妈妈身后，在宝宝一侧耳边大约十五厘米处摇动小铜铃（声音必须响亮但不是刺耳的），观察宝宝有何反应，是否转头去寻找发出声音的东西。

提醒一点！要在宝宝耳朵水平方向摇动小铜铃，以免影响测试结果。

宝宝达标了吗？

宝宝听到小铜铃的声音后会转头寻找声源，一侧耳朵通过测试即为合格。

Pass！
宝宝真棒！

提升智能小训练 Training
为宝宝智能飞跃发展加油！

瞧瞧，镜子里是谁呀？

训练妙法

父母抱着宝宝到大镜子前，一边让宝宝看着镜子里面的影像，一边对宝宝说："瞧瞧，镜子里这是谁呀？是不是宝宝呢？"调动宝宝的好奇心，同时把宝宝的小手拿起，放在镜子上让其摸一摸，通过触觉让宝宝感觉一下自己的手。父母也可对镜子作笑脸，逗逗宝宝，让他们产生愉快情绪。

Tip

反复训练可使宝宝对镜子里的影像发生兴趣，能够促进宝宝的自我意识逐渐萌芽，有益于日后走向社会建立自信心。

咦，这都是些什么声音？

训练妙法

除了多让宝宝听各种玩具发出的声音，还应该创造机会让宝宝多听听自然界的各种声音。

生活中碰到下雨声，就赶快对宝宝说："快听呀，这是什么声音？哦，是下雨声。小雨小雨沙沙沙，小雨小雨沙沙下……"还可以让宝宝听刮风声、鸟叫虫鸣声、走步声、关门声等，还有汽车、火车或某些乐器发出的声音，在听的时候最好配上能描述相应声音的儿歌。

Tip

要知道哦，自然的声音是最好的，是促进宝宝视听觉飞跃发展的最好素材。

哈！我看得越来越清楚了

训练妙法

宝宝在四个月大时能由近看远，再由远看近。把一个有黑白相间条纹的圆筒放在宝宝眼前，同时水平方向移动圆筒，使宝宝的眼球追随着圆筒来回地转动。

Tip

黑白相间条纹的圆筒在宝宝眼前移动可以促进视力发育，帮助宝宝提高环境适应能力哦！

语言能力 Language
宝宝会出现哪些行为特点?

1 宝宝咿呀作语的声音变长了

宝宝一天天长大，变得越来越会“说”了。父母会发现，宝宝咿呀作语的声音逐渐变长，在安静的时候还会呢喃自语。不过，宝宝有时发出的声音没有音节也无意义哦。

2 宝宝能够自己大声地笑了

宝宝越来越活泼了，能自己高声地叫喊，嘴里还能发出好听的声音，父母逗引时即使并没有碰他们的身体，也会自己大声地笑。如果父母逗弄宝宝，宝宝会表现得更出彩哦，多去逗引一下宝宝吧。

关键期做关键事！
父母快来测测看 Test

智能自测题

宝宝在安静的时候，能不能自说自话呢？

正确测试法

在宝宝睡醒的时候，父母注意观察他们是否在那里自言自语，但是宝宝发出的是无音节、无意义的声音。

提醒一点！要注意在宝宝安静的时候进行测试，这样才不容易影响结果的准确性。

宝宝达标了吗？

宝宝在安静情况下会自言自语，但发音无音节、无意义即为合格。

Pass！
宝宝真棒！

提升智能小训练 Training
为宝宝智能飞跃发展加油！

哈哈！我的发音很不错哦！

训练妙法

在宝宝醒着的时候，父母可以不断逗引宝宝，或者经常与宝宝说说话，以刺激宝宝发声，促使宝宝咿呀作语。

可以逐渐延长宝宝咿呀作语的时间，也可以拿色彩鲜艳带响的玩具，在宝宝面前一边摇一边说“拿！拿！”鼓励宝宝发出“na”的声音。

Tip

也可以用同样的方法鼓励宝宝发更多的音，比如看到图片中的马，就对宝宝说“这是马（ma）”逗引宝宝发出此音。

妈妈，你是在叫我吗？

训练妙法

父母和宝宝一起玩耍的时候，要有意地多叫宝宝的名字，以促使其发声。父母先用亲切的声音在宝宝背后叫其乳名，待宝宝听见后，把头转过来看着父母的时候，父母要一边对宝宝笑一边说："啊，是在叫你呀，真乖！"宝宝听到后，经常会做出"啊啊啊"的回应，小模样特别可爱，会让父母很开心！

Tip

在这一过程中，既可以使父母与宝宝的关系更为密切，又可以促进宝宝的听力和语言能力发展。

社交行为 Community
宝宝会出现哪些行为特点?

1 宝宝开始认识亲人了

宝宝虽然还是一个小婴孩，但是随着一天天长大，变得越来越聪明了，开始认识自己的亲人，很喜欢被别人抱起来哦。同时，宝宝也开始对周围的一切感兴趣了，而且“爱憎分明”，表现出满意或者不满意。

2 食物或玩具会让宝宝兴奋

食物或者玩具宝宝依旧很爱哦！当他们看到父母准备食物或者给予自己玩具，会表现出很兴奋的样子。好玩的是，与仰卧的宝宝做游戏，宝宝还能拉着衣服遮盖自己的脸呢。

关键期做关键事！
父母快来测测看 Test

智能自测题

宝宝见到妈妈或者其他亲人，会出现很兴奋的表情吗？

正确测试法

在生活中注意观察宝宝，看看宝宝在看到妈妈或家中的其他亲人时，或者是听到亲人的声音时，他们会出现什么表情变化。提醒一点，最好在宝宝精神比较集中或者情绪较好的时候进行测试，以免影响测试结果的准确性。

宝宝达标了吗？

见到妈妈或者其他亲人，宝宝表情兴奋，变得高兴起来即为合格。

Pass！
宝宝真棒！

提升智能小训练 Training
为宝宝智能飞跃发展加油!

哇！和妈妈玩藏猫猫真好玩

训练妙法

做躲猫猫游戏时，父母先用一张白纸遮住自己的脸，稍过片刻再将白纸迅速拿开，然后微笑着与宝宝说话。

一开始，宝宝也许不会有什么反应，但经常和宝宝玩这个游戏，以后只要父母把遮在脸上的纸一拿开，宝宝就会高兴地咯咯笑起来，小胳膊小腿还乱踢蹬着，美滋滋的！

Tip

和这个年龄段的宝宝经常玩藏猫猫的游戏，对宝宝的社会能力开发大有益处，可以启蒙并且培养宝宝对别人的信任度。

宝宝，快对爸妈笑笑哦！

训练妙法

父母可以经常通过各种方式逗引宝宝发笑。比如，经常抱着宝宝亲吻或抚摸，或者经常给宝宝唱唱歌等；每次宝宝吃饱后以及醒着的时候，父母都要脸上带着微笑与宝宝对视着说话，并用和蔼亲切的声音逗引宝宝笑。

Tip

宝宝的这种笑，是他们博得别人尤其是父母喜爱的最有力手段，可表达出宝宝与人交往的快乐。

宝宝智能测试问答

Q 宝宝四个月大。宝宝的爸爸听力不太好，怎样能够发现宝宝的听力是否正常呢？如果听力差是否会影响语言发育？在家里该对宝宝如何进行训练？

A 父母在家里可以先对宝宝进行一些简单的听力测试，观察一下宝宝的反应。听觉是获取语言信息的主要来源，听觉能力的强弱直接影响到一个人的语言发展水平。

正常情况下，在两个月大的时候，宝宝会用眼睛寻找声源；四个月大的时候，宝宝会转头找声音；六个月大的时候，大人在宝宝的背后拍手或者叫其名字或者敲门，宝宝会立即转头；十个月大左右，听到大人的指令如欢迎、再见、拍拍手，宝宝会做出相应的动作。宝宝四个月大，父母可以先在家里对宝宝进行一下简单的听力测试：比如在宝宝身后拍拍手、摇摇铃、用闹钟的闹铃等发出一些响声，看看宝宝的反应。如果宝宝对这些测试有反应，听力就不会有太大问题。

听觉是获取语言信息的主要来源，听觉能力的强弱直接影响到一个人的语言发展水平。从小对宝宝进行倾听训练只有益处，没有坏处。对于四个月大的宝宝，主要进行听觉分辨训练，训练方法可以因地制宜。不妨打开家里的音响，放出优美的音乐，宝宝正在听的时候突然关上音响，这样可以训练宝宝对声音的开始和结束做出反应；也可以在宝宝左边、右边拍手，或者是利用有关玩具配以相应的声音如汽车声、火车声、动物叫声等，逗引宝宝不停转动头寻找声音。要知道，这些训练还能够使宝宝将声音与具体事物结合起来，从而提高认知能力。

Q 宝宝七个月大了，但是目前他还只是会咿咿呀呀地发音，不会发ma、ba的声音，宝宝是不是发音迟缓呢？

A 在判断婴儿语言发展的问题上，特定语言行为出现的早晚并不一定是唯一的标准，更重要的是看宝宝的语言能力是否在不断进步。

零至一岁是宝宝语言习得的重要时期。在这一阶段语言习得最重要的成就之一，就是通过大量发声练习掌握语音系统。

大量的科学研究表明，婴儿出生三个月后能够逐步发出清晰可辨的元音，如a、o；六至八个月开始能够将辅音如d、m与元音连起来发出“da-da”、“ma-ma”的声音，但婴儿在六个月前一般较少发出辅音与元音相连的完整音节。

父母应该密切注意宝宝语言发展的进程，这对于宝宝的健康成长是极为重要的。与此同时，父母也要认识到宝宝的发育既具有年龄阶段特征，同时也存在个体差异。因为，在特定的年龄阶段，婴幼儿的咿呀学语有一些典型的表现，在一定程度上可以成为父母客观地评估和监控宝宝发展的参照指标，但是在具体行为特征以及特定行为出现的具体时间、频率等方面，不同的宝宝又存在个体差异。

因而，在判断宝宝语言发展的问题上，特定语言行为出现的早晚不是唯一的标准，更重要的是看宝宝的语言能力是否在不断进步。不过，若是宝宝的语言能力发育一直迟缓，这就需要父母尽快咨询专家，尽早采取科学的干预措施。

父母亲情手记 Love Notes

___年___月___日___时　　___个月___天

测试项目	测试达标时间
大运动	___个月第___天
精细运动	___个月第___天
适应性行为	___个月第___天
语言能力	___个月第___天
社交行为	___个月第___天

亲情留言

珍藏宝宝智能成长之流金轨迹

宝宝照片

七个月

第三个智能飞跃发展关键期

opening

这一关键时期，最重要的是社交行为的培养。这么大的宝宝很爱笑，可以通过照镜子、拍打或亲吻镜中自己的影像，以及父母搔小手臂和小胸脯多逗引宝宝发出笑声，促进父母与宝宝建立稳固的亲密关系。

进一步发展眼手协调的能力，生活中多与宝宝玩“指鼻”游戏。当父母说鼻子而宝宝真用小手指自己的鼻子的时候一定要多多鼓励和称赞哦！

发展宝宝对语言的理解能力，引导宝宝用动作来回答问题，比如“再见”“欢迎”等，让宝宝多与小朋友玩耍也是培养语言和交往能力的好方法。

这一阶段的宝宝容易发生分离性焦虑，见到生人常常会怕生、害怕或排斥，与家人分离后会不安、忧虑甚至哭闹。

大运动 Big sports
宝宝会出现哪些行为特点？

1 宝宝能坐还能翻身了

到了这个月份，随着背部肌肉力量的逐渐增强以及大脑的不断发育，宝宝的大运动能力越来越强。看呀，宝宝在较平稳的地方不用什么东西支撑着，也可以自己坐得很自如了，还能够自己从仰卧位翻成俯卧位，并很好地爬行。

2 宝宝能扭着小屁股爬行

用玩具逗引宝宝，宝宝能手和膝挨床面，匍匐地扭着小屁股，拖着自己一点点地向前移动。还见长的小本事是，若是被扶着站起来，不仅会高兴地上下跳动，还能支撑自己的大部分体重了。

关键期做关键事！
父母快来测测看 Test

智能自测题

宝宝能不用手支撑，也能自己稳坐在小床上保持一定的时间吗？

正确测试法

宝宝在小床上坐的时候，父母注意观察他们是否不用双手支撑床面，也能够坐得很稳当，而且时间也比以前长了。

提醒一点！脑瘫的患儿大运动能力不能达到正常水平，较为低下，往往坐得不稳，身体会向后倒，两腿夹紧。

宝宝达标了吗？

宝宝不用手支撑床面，也能较稳地独坐十分钟以上即为合格。

Pass！
宝宝真棒！

提升智能小训练 Training
为宝宝智能飞跃发展加油!

真牛！宝宝爬得多棒

训练妙法

当宝宝的两条小腿具备了一定的交替运动能力后，每当趴着的时候，父母不妨在宝宝前面放一个他们喜欢的玩具。

为了拿到玩具，宝宝往往会使出全身的力量向前匍匐地爬。如果宝宝没有向前爬反而往后退，父母可以双手稍用力，顶住宝宝的两条腿，给腿部添加些支持力，促使宝宝继续往前爬。

Tip

父母要坚持对宝宝进行训练，这样要不了多久，宝宝就学会用手和膝盖带着身体往前爬了。

哈哈！玩具被我抓住了

训练妙法

当经过一定时间的爬行训练，宝宝逐步由原先手膝爬行发展到手足爬行，爬行动作也由不熟练、不协调转变为较熟练和较协调时，父母可以用一些宝宝心仪的玩具，逗引他们兴高采烈地一会儿向前爬，一会儿向后爬，一会儿向左爬，一会儿向右爬，一会儿快速爬，一会儿转着弯爬，增加各种爬的花样。

Tip

总之，父母要积极创造各种条件对宝宝进行多种花样的爬行训练，增强全身肌肉的力量，促进宝宝大运动能力的提升。

咦，妈妈怎么变了样？

训练妙法

可让宝宝在干净地毯上练习爬。每次练累休息后，妈妈悄悄戴上一个动物面具，如大老虎等。妈妈突然变样了会让宝宝感到惊喜，并追逐爬行，由此诱导宝宝快速爬行。

Tip

寓教于乐地让宝宝练习爬行动作，会提高宝宝的运动兴趣，事半功倍哦！

精细运动 Fine motor
宝宝会出现哪些行为特点？

1 宝宝能把小丸耙弄到手

宝宝的小手越来越能干了。看到桌子上面的小丸，宝宝会把所有的手指都弯曲，做出耙弄和搔抓的动作，最终用拇指和其他几个手指把小丸耙弄到手。

2 能把积木从一只手换到另一只手

宝宝会用积木（边长两点五厘米的红色正方体，后面所指的积木都是如此大小）敲桌，还会把积木从一只手换到另一只手里。

而且，宝宝变得越来越“贪婪”了，即使手里拿到了一块积木也仍不罢手，还会用另一只手再去拿一块积木，但宝宝不会扔掉先前手里所拿到的积木哦。

关键期做关键事！
父母快来测测看 Test

智能自测题

宝宝用全手掌，能把小丸成功地耙弄到手吗？

正确测试法

父母抱着宝宝坐在桌子（儿童专用小方桌）旁边，把一粒小丸放在桌上，一边说着鼓励的话一边让宝宝去取，观察宝宝是否能用全手掌把小丸成功地扒弄到手里。

提醒一点！全手掌扒弄是指宝宝整个手所有的手指都弯曲，一起做扒弄、搔抓的动作。

宝宝达标了吗？

宝宝会用全手掌去扒弄小丸，最终成功抓到小丸即为合格。

Pass！
宝宝真棒！

提升智能小训练 Training
为宝宝智能飞跃发展加油！

瞧瞧！我的小手最灵巧

训练妙法

为了让小手发育得更灵巧，在父母的监护下让宝宝练习捏小丸。

把宝宝抱到桌子前，在盘子里放一粒小丸和一个无色透明广口瓶（容量约三十毫升）。先给宝宝示范一下怎样捏起小丸，然后鼓励他们用手指去捏，特别是用拇指和食指去捏，捏好后再鼓励宝宝放进小瓶里。

Tip

父母注意哦，训练过程中要一直密切监护宝宝，以免不谙世事的宝宝将小丸放到嘴里，不慎呛入气管，引发意外发生。

听哦！小动物叫声交响曲

训练妙法

父母给宝宝准备一些造型可爱的塑胶玩具，如小狗、小猫、小鸭子等。玩具拿给宝宝看后，父母不妨先在宝宝面前捏一捏，小狗玩具会发出“汪汪汪”的叫声；小猫玩具会发出“喵喵喵”的叫声；小鸭子玩具会发出“嘎嘎嘎”的叫声……然后鼓励宝宝去捏出各种小动物的叫声。

Tip

捏塑胶玩具的动作，不仅能使宝宝的拇指和食指的肌肉得到锻炼，还可以帮助他们增强手掌的抓握能力以及手指的灵活性。

适应性 Adaptability
宝宝会出现哪些行为特点？

1 宝宝能伸手取远处的东西了

宝宝越来越不安于现状了，原来只是对距离自己近一些的东西感兴趣，比如在离他们很近的桌面上放一件物品，宝宝看见后会伸手去拿。

但是，现在如果把某些物品放在桌面稍远些的地方，只要逗引宝宝让其注意到，宝宝也会伸手去取哦。

2 宝宝会拿小铃敲打桌面了

嘿！宝宝的小本事真是日益见长。如果把小铃放在桌子上，宝宝不仅能够把小铃取到手里，而且还会乐此不疲地敲打着桌面呢。

关键期做关键事！

父母快来测测看 Test

智能自测题

宝宝会把积木倒手，并且再拿另一块积木吗？

正确测试法

妈妈让宝宝坐在自己膝盖上，先递给宝宝一块积木，待拿住后往已经拿了积木的这只手里再递一块积木，观察宝宝会有怎样的反应。

提醒一点！传递时积木要直接从宝宝的手里倒到另一只手里，而不是先放在桌子上或者嘴里哦。

宝宝达标了吗？

宝宝先把第一块积木换到另一只手里，然后再去拿第二块积木即为合格。

Pass！
宝宝真棒！

提升智能小训练 Training
为宝宝智能飞跃发展加油！

宝宝，快来认认鼻子哦！

训练妙法

教宝宝认识身体第一个部位。父母和宝宝对坐，先指着自己的鼻子说“鼻子”，再把住宝宝的小手，指着他们的鼻子说“鼻子”，每天重复一至两次。

之后，父母抱着宝宝面向镜子，把住宝宝的小手指他的鼻子，再指自己的鼻子，重复说“鼻子”。

Tip

持续七至十天的训练后，当父母再说鼻子时，宝宝没准就会用小手指自己的小鼻子了，这时父母要好好地夸夸宝宝哦！

宝宝，快去拿玩具啊！

训练妙法

父母和宝宝一起坐在床上或地毯上，在宝宝伸手可及的地方放一条毛巾，并且在毛巾一端上面放一个宝宝喜爱的玩具。父母可指着玩具说：“宝宝的玩具在那儿，快去拿呀。”然后注意观察宝宝的反应，同时试着拉毛巾，取玩具给宝宝看，并对宝宝说：“毛巾拉过来就可以拿到玩具了！”

Tip

让宝宝不断地模仿，通过这种训练可以让宝宝学会解决问题的方法。

语言能力 Language
宝宝会出现哪些行为特点?

1 宝宝会叫“妈妈”了

到了这个月份，宝宝会让妈妈特别有自豪感，因为宝宝的小嘴里会经常地发出“ma-ma”的双唇音，就好似在叫“妈妈”。同时宝宝的小嘴里也会发出“da-da”的声音。

不过，宝宝这个时候发出的所谓“妈妈”的声音，并没有什么所指哦。

2 对自己的名字有反应了

宝宝又带给父母惊喜了。如果父母或者其他的人在宝宝的背后呼叫其名，宝宝就会听到，并且会转过头，已经对自己的名字有反应了。

关键期做关键事！
父母快来测测看 Test

智能自测题

宝宝会发出“da-da”、“ma-ma”等声音吗？

正确测试法

在宝宝醒着的时候，父母要注意观察宝宝发出的声音，比如是否能发出“da-da”、“ma-ma”等音，还应该注意观察宝宝所发出的声音是否有所指，比如发出“ma-ma”的声音是否在叫妈妈。

提醒一点！如果宝宝没有反应，除影响测试的干扰因素外，父母要留心宝宝的听力，建议去医生那里做一下测试。

宝宝达标了吗？

宝宝会发出“da-da”、“ma-ma”等声音但并无所指即为合格。

Pass！
宝宝真棒！

提升智能小训练 Training
为宝宝智能飞跃发展加油！

哇！泡沫泡沫真好玩

训练妙法

音乐优美又富有节奏感，儿歌也很朗朗上口，父母可以通过音乐和儿歌来促进宝宝的语言发展。

经常给宝宝播放一些旋律轻快又好听的歌曲，还可以结合生活情景给宝宝编一些儿歌。比如，给宝宝洗澡时，不妨一边洗一边说：泡沫泡沫这么多，泡沫泡沫真好玩……

Tip

采取这种方法开发宝宝的语言能力，会让宝宝觉得有趣又快乐，一点也不枯燥，而且音乐和儿歌还能陶冶宝宝的情操呢。

语言游戏小玩家！

训练妙法

在宝宝情绪好的时候，妈妈对宝宝说："唱儿歌喽！"可以把很多生活中的动作或表情与语言结合起来随意创编语言游戏，启发宝宝的语言能力发展。

比如，妈妈一边唱"小鼻子伸过来，和大鼻子碰一碰"，一边凑近宝宝，去碰宝宝的小鼻子；妈妈拿起宝宝的小手，一边做抓挠的动作一边唱"宝宝小手小手，抓挠抓挠抓挠，抓挠抓挠抓挠"；或者也可以让爸爸给宝宝一个小玩具，妈妈一边唱"宝宝好喜欢，谢谢好爸爸"一边教宝宝做拱手谢谢的动作。

Tip

七八个月大的宝宝发音能力还很有限，经常做动作与语言结合的小游戏能够发展宝宝对语言的理解力，还有助于宝宝日后不断地"冒话"。

社交行为 Community

宝宝会出现哪些行为特点？

1 看到镜子里的人又拍又打

宝宝已经有与人交往的愿望了。如果父母抱着宝宝到大镜子前，宝宝看到镜子里出现的人会很高兴，又拍又打，还会做出亲吻、微笑等丰富的表情呢，很好笑哦。

2 宝宝会做拍手的动作了

当父母对着宝宝做拍手动作时，宝宝会随着大人的拍手动作而拍手。多次反复这样训练，之后宝宝再听到“拍手”这个词后，就会做出拍手的动作了。

关键期做关键事！
父母快来测测看 Test

智能自测题

宝宝对镜前游戏有反应吗？

正确测试法

所谓镜前游戏，就是妈妈先把宝宝抱到一面大镜子前，然后对宝宝说："快来看这是谁呀。"鼓励宝宝看镜中的影像。当宝宝看时，妈妈要注意观察他们会出现一些什么反应。

提醒一点！镜子一定结实、无裂痕、安放稳固，以免宝宝拍打时破碎或掉落，伤及宝宝。

宝宝达标了吗？

宝宝对镜中的影像做出拍打、亲吻、微笑等表情即为合格。

Pass！
宝宝真棒！

提升智能小训练 Training
为宝宝智能飞跃发展加油！

来呀！和妈妈跳个舞吧

训练妙法

家里播放优美的音乐，妈妈抱着宝宝并对其轻声说：“来呀，和妈妈跳个舞吧！”

然后一只手托着宝宝的小脑袋，另一只手托着宝宝的背部，随着音乐向前、向后晃动宝宝的身体，一边跳一边称赞宝宝：“看呀，宝宝跳得真好啊！”待乐曲结束后，妈妈再对宝宝说：“谢谢你陪妈妈跳舞哦！”

Tip

跳舞可以让宝宝在愉快的音乐中感受与人交往的快乐，调动和培养宝宝与人交往的欲望和意识。

人见人爱的礼貌宝宝！

训练妙法

父母离家上班或者与别人告别的情景，都不妨借机让宝宝练习礼貌用语。比如，父母可以扶着宝宝的小手，边对人招手边说“Bye-bye”。只要经常练习，宝宝很快就会理解这个动作的意思了。和宝宝在一起的时候，还可以边拍手边说“欢迎，欢迎！”

Tip

边说边做动作的训练，能让宝宝把拍手的动作和“欢迎”的含义联系起来，还可以促使宝宝产生愉快的情绪，有益于心理发展。

宝宝智能测试问答

Q 宝宝七个月大了，让他捏小东西，可是他总是做得不太好，而邻居家与他同样大的宝宝，人家的小手指就很灵巧，一下子就能达到要求了。这使我有些着急，怎样在家里对宝宝进行训练呢？

A 宝宝过了七个月后，手的动作会变得越来越灵活，进入拇指与食指对捏动作发展的关键阶段，父母可以抓住这一时机对宝宝多加训练。

宝宝在七个月大的时候，小物品需要全手掌才能扒弄到手，还不能很好地用拇指和食指对捏东西，因此家长不要太着急。宝宝一般在七个月后，就会逐渐学会用大拇指与其他四个手指分开拿东西，尤其食指的能力会有很大的提高，进入拇指与食指对捏动作发展的关键时期。需要提醒的是，这一时期的宝宝正处于探索世界的萌芽阶段，他们抓到物品后往往喜欢看看摸摸、敲敲打打，还经常会放在嘴里吮吮、舔舔、咬咬。父母要抓住时机对宝宝多加训练，促进宝宝的智能飞跃发展。

Q 宝宝十个月大，但是他还爬得不好，不过站立挺稳的。宝宝的爸爸说，爬得怎样不要紧，站得好就会走得好，走得好更重要，是这样吗？爬得不好会不会对宝宝有影响？

A 宝宝先学会坐、再学会爬、最后学会走路，这是自然的成长规律。

宝宝的成长过程并不是为了行走这个唯一目的，坐和爬可以分别锻炼宝宝不同骨骼与肌肉的发育，以及每一种体位的平衡性，并积极地促进大脑相应部位的发育。

特别是爬行有它独特的功能，父母一定要培养宝宝爬行的兴趣和能力。可以故意把宝宝放成趴在床上的姿势，然后在他的眼前、距离手比较近的地方放一个新奇的玩具，迫使他做出爬行的动作才够得着。如果宝宝够着了，再把玩具放得稍微远一点，为宝宝创造努力爬行的空间。这样每天训练几次，每次训练几分钟，宝宝渐渐就会对爬行感兴趣了，也能逐渐爬得越来越好了。

Q 宝宝十八个月大，会叫爸爸、妈妈了。但我们教他说一些别的话，宝宝总是不说，是否语言发育有些落后呢？

A 这么大的宝宝还处于语言准备期，特点是听得多、懂得多但说得少，不一定就是语言发育落后。

宝宝往往需要别人帮助时才会偶尔说一些简单的词语，并且具有一词多义的特点。比如，他们虽然只是叫一声“妈妈”，但可能是要“妈妈抱”的意思，也可能是“妈妈不要走”或“妈妈陪宝宝玩”的意思。因此，宝宝虽然说话少，却不一定就是语言发展落后。很多的宝宝虽然开口说话较晚，但储存在大脑的语言素材不少。随着语言器官的不断发育成熟，有一天会突然开口讲出很多话，而且词汇丰富，甚至很快超过一些说话早、说话多的孩子。

所以，对于语言准备期的宝宝，父母要利用各种机会与他们交谈。当宝宝想要某个东西的时候，要清晰地告诉他们物品或食物的名称；想玩某个游戏的时候，要跟他们讲这是什么游戏。父母的角色就像解说员一样，尽量把在日常生活中宝宝所接触的事物和活动多讲给他们听，让他们多看、多理解。一切都准备好了，宝宝自然就会开口说出很多话了。

父母亲情手记 Love Notes

____年____月____日____时　　　____个月____天

测试项目	测试达标时间
大运动	____个月第____天
精细运动	____个月第____天
适应性行为	____个月第____天
语言能力	____个月第____天
社交行为	____个月第____天

亲情留言

珍藏宝宝智能成长之流金轨迹

宝宝照片

十个月

第四个智能飞跃发展关键期

opening

在这一关键期，开发宝宝的语言功能，训练宝宝能够听懂大人们说的简单话语，练习模仿发音以及培养宝宝的说话能力更为重要哦！

- 进一步开发宝宝的大运动能力，多训练宝宝独自站立、站起来坐下、翻滚等大动作，多让宝宝做婴儿主动体操，为日后独自行走打下良好的基础。

- 进一步促进宝宝手、眼、脑的协调发展能力，抓住关键期这一有利时机，多让宝宝做手指捏取细小物品的灵活性和准确性的训练，加快捏取速度。

- 进一步促进宝宝的语言能力和社交能力发展，注意培养宝宝每天定时睡眠、按时进餐、定时排尿、排便坐盆以及练习用杯喝水、用小勺吃饭等良好生活习惯。

大运动 Big sports
宝宝会出现哪些行为特点?

1 宝宝能自己站起来了

宝宝的大运动能力越来越强了。如果把他们放在带着栏杆的小床里，或是宝宝在自己周围有栏杆的地方，不用别人的帮助，宝宝拉着栏杆甚至不用扶其他物品，就可以自己站起来。

2 宝宝能拉着东西坐起来了

宝宝带给父母的惊喜也越来越多。当他们在有栏杆的小床里或者是其他有扶手的地方躺着的时候，能拉着床栏杆或是某些借助物自己坐起来，而且坐得也比以前更加稳当了。

关键期做关键事！
父母快来测测看 Test

智能自测题

宝宝能自己用手拉着床栏杆站立起来吗？

正确测试法

让宝宝坐在小床靠近围栏的地方，父母在床栏杆上放一个玩具，逗引并鼓励宝宝站起来去拿，看看宝宝能不能自己拉着小床栏杆站起来，并且站直身体。

提醒一点！父母不要去帮助宝宝，要让宝宝自己完成哦，这样才能测出准确结果。

宝宝达标了吗？

在玩具的吸引下，宝宝不依赖大人的帮助，自己用手拉着栏杆站起且很稳当地站在床上，身体完全站直即为合格。

Pass！
宝宝真棒！

提升智能小训练 Training
为宝宝智能飞跃发展加油!

哈哈!我抓到大气球喽

训练妙法

在宝宝的小床上方,悬挂一个吸引宝宝眼球的色彩鲜艳的大气球。

当宝宝扶着小床的围栏站立时,父母不妨把大气球在宝宝眼前来回晃动几下,逗引宝宝不断地去抓碰大气球。在这个过程中,随着大气球左右晃动,可以增强宝宝身体站立时的平衡感。

Tip

每次训练时间不宜太长,几分钟就可以了,否则宝宝会由于疲劳而烦躁起来,以后就不愿意再练习了!

呵呵！钻山洞游戏真好玩

训练妙法

爸爸或者妈妈跪在大床上，或者较为厚实的地毯上，双臂支撑在床面或地毯面，让自己的身体和双臂之间形成一个较大的空间，这样就可以让宝宝在这个空间里爬进来爬出去；或者鼓励宝宝从桌子底下钻过来钻过去，不过一定要做好安全保护，避免碰伤宝宝。

Tip

钻山洞的爬行训练，是宝宝大脑指挥肌肉协调运动的一种游戏，不仅可以促进大脑发育，还有利于日后的语言发展。

全能运动小强人！

训练妙法

在带扶栏的小床里放几个玩具。先让宝宝坐下，然后训练由坐位主动地拉栏杆站起，再扶栏蹲下去拾玩具、坐下；继而训练宝宝从坐位变成俯卧位，接着训练左翻右翻。

Tip

多个动作组合起来训练，可促使宝宝大运动功能协调发展，成为运动小强人哦！

精细运动 Fine motor
宝宝会出现哪些行为特点？

1 用拇指和食指就能捏起小丸

宝宝的协调性大有进步！如果让宝宝把手和小臂放在桌面上做辅助性支持，他们就能用拇指和食指（或者中指）把放在桌面的小丸捏起来，而且捏小丸的动作也越来越纯熟了。

2 宝宝能伸出食指去碰触物品了

宝宝不仅拥有了以上的小本事，他们还会伸出食指去主动地碰触物品呢。另外，如果将小丸放在桌面上，宝宝想要的话就会坚持伸手去抓，一次或二次即能抓到哦。

关键期做关键事！
父母快来测测看 Test

智能自测题

宝宝能不能用拇指和食指捏起小丸？

正确测试法

父母抱着宝宝坐着，先把一粒小丸放在桌面上，然后鼓励宝宝去捏取小丸，看看宝宝用拇指和食指的指端能不能捏取到小丸。

提醒一点！宝宝捏起小丸后，父母一定要留心看护，以免宝宝把小丸放到嘴里，不慎呛到气管里。

宝宝达标了吗？

宝宝能够熟练并且动作协调、速度很快地把小丸用拇指和食指的指端捏起来即为合格。

Pass！
宝宝真棒！

提升智能小训练 Training
为宝宝智能飞跃发展加油!

嘀!宝宝的小手真能干

训练妙法

准备一个杯口较大些的杯子和一块小积木。父母先把小积木丢进杯子里，然后鼓励宝宝去把小积木取出来。

由于宝宝的手部功能还没那么完善，一开始不一定能很顺利地取出来。如果让宝宝经常进行练习，宝宝小手的能力会大为增强，就能够完成取积木的任务了。

Tip

这个训练不仅可以锻炼宝宝手部动作的准确性，还可以全面促进婴幼儿的手眼协调性。

瞧呀！捏豆豆的小能手

训练妙法

为让宝宝的拇指和食指的对捏能力更进一步提升，父母可以让宝宝经常练习捏取一些更小的物品，如绿豆等，同时多训练捏取小丸的准确性，加快捏取速度，提高捏取动作的熟练程度。每日训练数次，可让宝宝拇指和食指捏取小物品的动作更加灵活，对捏能力得到更大的发展。

Tip

为了避免宝宝烦躁，父母在训练过程中不妨给宝宝唱唱儿歌，提高宝宝捏豆豆的兴致。

适应性 Adaptability
宝宝会出现哪些行为特点？

1 宝宝能取出藏在杯子里的积木

什么也瞒不住宝宝了！尽管父母把一块积木扣放在一只杯子里，但宝宝依然知道积木在哪里。他们会主动地拿掉杯子，把藏在下面的积木取出来哦。

2 宝宝能寻找装在盒里的木珠

宝宝也越来越智慧了！如果父母把木珠放进盒子里，先摇晃几下盒子，让宝宝听见响声，然后悄悄地将珠子取出，再当着宝宝的面打开盒子，这令宝宝感到很奇怪，会明确去寻找盒子里的木珠。

关键期做关键事！
父母快来测测看 Test

智能自测题

宝宝能主动把放在杯子里的积木取出玩耍吗？

正确测试法

父母先把一块积木放在桌上，让宝宝看见自己用杯子盖住了积木。之后，父母鼓励宝宝去找积木，观察宝宝是否知道拿掉杯子取出扣在下面的积木。

提醒一点！要记着将杯子的把手对着宝宝哦。

宝宝达标了吗？

宝宝能主动地把杯子拿掉，取出藏在下面的积木玩耍即为合格。

Pass！
宝宝真棒！

提升智能小训练 Training
为宝宝智能飞跃发展加油！

妈妈，我知道“1”是多少了！

训练妙法

先从宝宝的年龄入手。妈妈一边问宝宝“你几岁了？”一边教其竖起食指表示“1”岁。

在宝宝懂得表示“1”岁之后，为了巩固效果，还可以教宝宝竖起食指表示指“1”个苹果或“1”块糖果。反复训练宝宝，过一段时间后，父母拿起一个苹果问宝宝“这是几个苹果”，宝宝就会竖起一根手指来表示“1”个。

Tip

这是一种让宝宝建立最原始的数的概念的方法，可以很好地帮助宝宝提高认知能力。

妈妈，我能给你喂饭饭了！

训练妙法

宝宝吃饭时，妈妈先给宝宝喂饭，一边喂一边说："宝宝乖乖，好好吃饭。"待宝宝心满意足吃完后，可以把勺子放在宝宝的小手里，然后握着小手帮助宝宝把勺子举起来，放在妈妈的嘴边，做出欢喜的样子对宝宝说："宝宝真棒，还能喂妈妈吃饭了，妈妈真高兴！"

Tip

给妈妈喂饭游戏会使宝宝很高兴，增加吃饭的趣味，经常训练不仅可以培养宝宝生活的自理能力，同时还能够让手部的活动能力得到训练。

宝宝，玩具藏在哪只手里？

训练妙法

当着宝宝的面把其所喜欢的玩具藏在右手里。先双手放背后再把双手伸到前面，伸开右手让宝宝看玩具，反复几次伸出双手并紧握，让宝宝拿玩具，看宝宝会伸向哪只手。

Tip

可以使宝宝的记忆力和专注力得到训练，既简单又有效哦！

语言能力 Language
宝宝会出现哪些行为特点？

1 宝宝能模仿大人发音

看呀，宝宝已经初露说话的端倪了。他们能够模仿大人们的声音发出一至两个字音，多半指的是人、物体、动作或东西，但是发音不一定清楚哦。

2 宝宝能懂得别人的语气了

不要以为宝宝那么小，傻乎乎的什么都不懂，其实不然。如果大人对宝宝用愤怒的语调说话，宝宝就会感到紧张并且哭起来；若是大人用温柔的语调对待宝宝，宝宝就会很愉快哦。

关键期做关键事！
父母快来测测看 Test

智能自测题

宝宝能够模仿大人发出一些语音吗？

正确测试法

父母和宝宝面对面，先对宝宝发出“爸爸”、“妈妈”、“拿”、“走”等词语的语音，然后鼓励宝宝模仿发音，看看宝宝是否会模仿大人发音。宝宝不愿意模仿，父母不要强迫；宝宝做得好，父母要好好地称赞，这样才可以调动宝宝模仿发音的兴趣。

宝宝达标了吗？

宝宝能够模仿父母发出一至两个字音即为合格。

Pass！
宝宝真棒！

提升智能小训练 Training
为宝宝智能飞跃发展加油!

小狗汪汪汪叫!

训练妙法

可以让宝宝跟着大人学习一些发音。为了让宝宝心情愉快地学习言语，可通过大人的发音与图画册上的实物结合起来训练宝宝。

比如，妈妈可指着图画册上的小狗说："这是小狗，跟妈妈说汪。"待宝宝发出"汪"的字音后，妈妈又说："宝宝跟妈妈学小狗叫，汪—汪—汪。"让宝宝再模仿妈妈发出"汪—汪—汪"的声音。

Tip

生活中教宝宝认物发音，并且将实物或者动作与语言联系起来，将会有力地促进宝宝的语言能力发展。

爸爸，我想要皮球！

训练妙法

准备一个皮球，爸爸拿着皮球在宝宝面前晃一晃，对宝宝说："你想不想要啊？"宝宝通常都会要并发出"啊，啊——"的声音，这时爸爸就要问宝宝："想要什么啊？告诉爸爸。"宝宝往往会发出"要——"的声音，爸爸赶紧接着问："你要什么啊？"如果宝宝不会说"球"，爸爸就说："哦，知道了，宝宝想要球啊！"

Tip

经常进行这种训练，可以促进宝宝学会用单音节表达自己的意思。这不仅能够提高宝宝自主说话的能力，还会锻炼左脑的功能哦。

社交行为 Community

宝宝会出现哪些行为特点？

1 宝宝懂得常见物和人的名称了

比如，父母问“杯子在哪里”，宝宝的眼睛就会去注视杯子；问“灯在哪里”，宝宝就会去注视灯。而且，宝宝对想要的东西能发出声表达，或者用眼睛去看。

2 对一些简单的句子有反应了

比如，问“妈妈在哪里？”宝宝就会看妈妈。除此，宝宝越来越惹人喜爱了，他们还会做“再见”的动作了；会拉扯别人的衣服，试图引起人家的注意；会拿东西给人，但自己不松手。

关键期做关键事！
父母快来测测看 Test

智能自测题

宝宝懂得一些常见物品和人的名称，并会表现出相应的反应吗？

正确测试法

父母可以问宝宝，“妈妈在哪儿”、“爸爸在哪儿”、“奶奶在哪儿”、“爷爷在哪儿”、“灯在哪儿”、“杯子在哪儿”……观察宝宝是否懂得这些常见物品和人的名称，并且表现出相应的反应。

宝宝达标了吗？

听到父母的问话后，宝宝会用眼睛寻找并且注视所说到的人或物即为合格。

Pass！
宝宝真棒！

提升智能小训练 Training
为宝宝智能飞跃发展加油!

宝宝，Byebye！

训练妙法

社交礼仪是个习惯问题，需要父母从小就对宝宝进行培养。

生活中，有意地对宝宝演示一些社交礼仪，比如宝宝和家人或小朋友分别时，教他们和别人边挥手道别边说“byebye”；父母或家人要离开时，要记着亲吻宝宝一下；从外面回来，不要忘记向宝宝问好。

Tip

社交礼仪对于一个人在社会上发展很重要，是情商发展的敲门砖。从小就开始养成好习惯，会让宝宝受益一生。

妈妈，不该做的事我不做！

训练妙法

生活中，宝宝做得好的事情，比如好好地吃饭、到了睡觉时间就上床等，父母要给予称赞；宝宝做得不好的事情，比如乱拿东西、大声哭闹等，父母要表示出不赞赏的表情。

对于有些不适宜宝宝做的事情，妈妈可以用适当的语调对宝宝说“不要动”或“不要拿”，让宝宝了解这些话的否定意义，启蒙和培养宝宝的规范性行为。

Tip

在这一阶段，父母的恰当行为及和睦的家庭氛围，都有助于宝宝形成良好的社会行为。

嘿，我是个乐天派宝宝！

训练妙法

宝宝已有一些幽默感了，很喜欢让别人笑。父母要经常笑出声来赞许宝宝的行为，多让宝宝做笑出声的游戏，平时多讲些笑话，让宝宝经常拥有良好的情绪。

Tip

良好情绪有助于宝宝的心理健康发展，可以启蒙和发展宝宝的幽默感，使他们日后讲话诙谐而有趣！

宝宝智能测试问答

Q 我在家里给宝宝测试的时候，宝宝一会儿要喝水，一会儿要尿尿，一会儿又要玩，稍微有点难度就闹起来，不愿意测试了。做测试时应该注意些什么，才能让宝宝很好地配合大人的要求呢？

A 给宝宝测试之前，父母应该注意做好准备工作，这样才能让宝宝安安心心地配合父母进行测试。

比如，让宝宝先排干净尿液，不要让宝宝饿着肚子，也不要让宝宝渴着，同时注意环境要安静舒适，以免宝宝会分心。进行测试的时候，如果宝宝还小，父母不妨抱着宝宝；若是宝宝能够独自坐稳了，可以坐在小桌子上进行测试。测试项目的顺序，最好先从比较简单的开始，这样既可以稳定宝宝的情绪，而且有利于激发宝宝的兴趣和注意力，可以使后面的测试顺利进行。

提醒一点，测试完一个项目后要注意把测试用品收起来再进入下一个项目，以免使宝宝注意力不集中。

Q 前几天带宝宝去儿童保健中心做了智能发育测试，测试结果表明精细动作的发育有些落后。这让我们很着急，怎样在家里对宝宝加强精细动作的训练？通过训练宝宝能够达到正常水平吗？

A 不妨按照精细动作出现的时间和动作要求，有计划地加强对宝宝的训练。若是持之以恒，也许无需多少时间宝宝就能达到正常水平。

由于在同龄宝宝之间各个能区的行为模式出现的时间有先有后，即使同一个宝宝的大运动、精细动作等五种能力展示顺序也并不完全平衡一致，加之影响测试结果的因素较多，因此初次测试发现宝宝精细动作有些落后不宜轻易做出明确判断，更不必产生很大的心理负担。

建议过段时间后再换个机构给宝宝做一次测试，看看两次测查结果是否一致。即使宝宝的精细运动仍有些落后也无需着急，关键是要在现有基础上按照精细动作出现的时间和动作要求，有计划地加强对宝宝的训练，每天两至三次，以促进宝宝精细动作的发展。若是能持之以恒，也许无需多少时间宝宝便能达到正常水平。

Q 宝宝两个月大，我听别的家长们说相比其他几项能力测试，像他这么大的孩子听力和视力的测试更重要一些，是这样的吗？

A 对于这么大的宝宝来说，除了视力、听力以外，无论是体格还是智力的测试都是非常重要的。

定期为宝宝称称体重，量量身长、头围、胸围、囟门等，以及进行运动、语言、认知、社会能力的评估，才能很好地了解宝宝的智能和体格生长发育的状况。

因为，以上所说的每个指标都是有一定含义的。比如体重，是代表体格发育尤其是营养状况的重要指标，根据体重可以判断有没有营养不良或肥胖；身长是反映骨骼发育的重要指标，据身长和体重的比值可以判断营养状况；头围大小、前囟闭合早晚可以反映脑神经发育状况；运动、语言、认知、社会能力的评估，可以判断神经系统的发育水平。对婴幼儿来说，定期地为他们进行这些指标的测评都是非常重要的。

父母亲情手记 Love Notes

___年___月___日___时　　___个月___天

测试项目	测试达标时间
大运动	___个月第___天
精细运动	___个月第___天
适应性行为	___个月第___天
语言能力	___个月第___天
社交行为	___个月第___天

亲情留言

- -
- -
- -
- -
- -
- -
- -
- -
- -

珍藏宝宝智能成长之流金轨迹

宝宝照片

十二个月

第五个智能飞跃发展关键期

opening

在这一关键期，对宝宝的语言能力开发非常重要。多让宝宝看画册，培养和增进宝宝认识动物、交通工具、玩具以及日常生活用品的能力；多听音乐、儿歌和故事，培养宝宝对声音的感觉，提高对语言的兴趣和理解力。

通过与五官有关的儿歌，激发宝宝认识五官的兴趣，帮助宝宝用小手指指自己的眼、耳、鼻、嘴等，进一步促进宝宝与大人的交往能力。

引导宝宝能够有意识地发出一个字音，来表示一个特定的动作，比如“坐”“走”“拿”等，促进宝宝的语言和表示自己动作的能力。

如果宝宝发出某个字音，父母要积极回应，如宝宝说“拿”，就可将其想要的东西拿给他，切不可在宝宝要表达时抢先开口讲话，让宝宝失去机会，这样会阻碍宝宝的语言能力发展。

大运动 Big sports

宝宝会出现哪些行为特点?

1 宝宝能自己独自站立了

嗬！宝宝很争气，拉着小床围栏，甚至不用支撑什么，就可以自己站起来了，而且不用大人扶持也能自己独自站立一定的时间。不过，周边的环境要保证没有带棱角或者可能会伤人的物品，以防宝宝摔倒时碰伤。

2 宝宝会迈步行走几步了

到了这个月份，很多宝宝都会走几步了，至少在父母牵拉一只手的时候能够协调地移动双腿，向前迈出三步以上。但是，宝宝通常走得摇摇晃晃的，身体还不够稳当。一般来说，南方的宝宝要比北方的宝宝走得早一些哦。

关键期做关键事！
父母快来测测看 Test

智能自测题

宝宝能够独自站立十秒以上吗？

正确测试法

父母先拉着宝宝小手，帮其站稳后轻轻松开自己的手，看看宝宝能不能自己站一定的时间。这个月份的宝宝，已经有了一定的身体平衡能力，一般在十二个月左右就能独自站得很稳了。

提醒一点！如果宝宝没有站稳，大人要注意赶快扶住，以免他们摔倒后受到惊吓。

宝宝达标了吗？

父母松开手后，宝宝能够独自站立十秒钟以上即为合格。

Pass！
宝宝真棒！

提升智能小训练 Training
为宝宝智能飞跃发展加油！

宝宝，踢球去！

训练妙法

宝宝这一阶段已经能够扶着床栏杆、凳子、沙发等物品，由蹲而站起并且站稳。

因此，父母可以在距离宝宝脚下不远的地方，大约三至五厘米处放一个球，让宝宝抬腿去踢。在踢球的过程中，会让宝宝乐不可支哦，能大大提高练习走路的趣味。

Tip

练习踢球可以提升宝宝大脑平衡身体的能力，促进眼、足、脑协调功能的发展，建立“球形物体”能滚动的形象思维。

宝宝，大胆向前走！

训练妙法

帮助宝宝练习独自行走时，父母和宝宝先保持一米的距离，然后蹲下来，把宝宝想要的玩具放在自己的头上，逗引宝宝过来拿。一开始，宝宝可能会有些紧张，也许走得并不平稳。这时，要不断鼓励宝宝，促使宝宝很快跨步到父母面前。当宝宝短距离走得较稳时，就可以逐步拉长训练距离了。

Tip

为了给宝宝壮胆以及避免其摔倒，父母注意伸出双手加以保护。宝宝每往前走一步，父母就向后退一步，逐渐拉长与宝宝的距离。

精细运动 Fine motor

宝宝会出现哪些行为特点?

1 能试着往小瓶里投小丸了

准备一个瓶口直径两点五厘米的小瓶，让宝宝往里面投小丸。宝宝会试着捏住小丸往瓶口里投，但是准确度还不够高，不一定能成功地把小丸投进瓶子里，这对宝宝的手眼协调功能也是一个新的挑战哦！

2 宝宝会拿着书翻页了

如果父母给宝宝一本书，宝宝会拿着书翻页。但是，宝宝手指的精细动作还没有那么灵巧哦，所以尚不会一页一页地翻书。父母别着急哦，宝宝会逐渐做得更好，一点点来吧！

关键期做关键事！
父母快来测测看 Test

智能自测题

宝宝能够用全手掌握笔，在纸上画道道并留下笔道吗？

正确测试法

父母先给宝宝演示一下怎样用笔在纸上画道道，然后鼓励宝宝也这样去做，观察宝宝能否用全手掌握笔在纸上画道道，并且留下笔道。

提醒一点！测试之后及时从宝宝手中拿走笔，以免喜欢乱动的宝宝扎伤自己或者他人。

宝宝达标了吗？

宝宝用全手掌握笔在纸上画，虽然会留下笔道，但是很乱，不过只要留下笔道即为合格。

Pass！
宝宝真棒！

提升智能小训练 Training
为宝宝智能飞跃发展加油！

哈哈！我的小手多灵巧

训练妙法

父母准备两个无色透明的广口瓶，先在其中一个瓶子里装上几粒葡萄干，然后让宝宝练习对准瓶口，将瓶里的葡萄干倒入另一个瓶子里。

父母可以在旁边编个儿歌唱给宝宝听："小手小手真灵巧，小手小手真能干。"刚开始，宝宝可能经常倒不进去，葡萄干会撒落在外面。经过多次训练，宝宝就能够准确地把葡萄干从一个瓶子倒入另一个瓶子里了。

Tip

可以很好地训练宝宝手部的灵活性、准确性以及手眼的协调性。

来啊！我们盖个高楼吧

训练妙法

平时带宝宝户外活动时，多引导其观察高楼等建筑，让宝宝懂得楼房是一层层垒高的，然后用套盒或积木指导宝宝玩搭高楼的游戏。先让宝宝摆弄一会儿，然后父母说："宝宝，我们盖个高楼吧！"指导宝宝把最大的一块积木放在下面，再把第二块积木放在其上。宝宝做得好，父母拍手称赞，反复让宝宝搭建和垒高积木。

Tip

在搭建和垒高积木的训练中，不仅可进一步提高宝宝手指和手腕的灵巧性和肌肉耐力，还能帮助他们不断巩固比较大小的能力。

适应性 Adaptability
宝宝会出现哪些行为特点?

1 宝宝会把反着放的瓶盖正过来

宝宝越来越睿智了！你看，他们会把反放着的瓶盖先正过来，再往瓶子上盖。另外，如果用杯子盖住玩具，宝宝会很聪明地拿开杯子，去找到盖在杯子下面的玩具。

2 宝宝会试着搭两块积木了

父母给宝宝两块积木，在此之前，宝宝仍在扔积木，而这时宝宝却会把其中一块积木搭在另一块积木上，虽然不一定能做得很好。

无论做得怎样，父母都要多夸奖宝宝，这样会增强宝宝的自信心，从而促进适应能力的发展。

关键期做关键事！
父母快来测测看 Test

智能自测题

宝宝能把瓶盖翻过来，盖在瓶子上吗？

正确测试法

妈妈先将瓶盖盖在瓶子（瓶高五至六厘米，瓶底直径约三厘米，瓶口直径约两点五厘米）上，然后把瓶盖取下来，反着放在桌子上，继而鼓励宝宝取瓶盖，去盖瓶子，观察宝宝会出现怎样的反应。

提醒一点！瓶子和瓶盖都要光滑无破损，避免损伤宝宝的小手。

宝宝达标了吗？

宝宝会把瓶盖翻正并盖在瓶子上即为合格，但不要求宝宝拧紧瓶盖。

Pass！
宝宝真棒！

提升智能小训练 Training
为宝宝智能飞跃发展加油！

猜猜哦，看我摸到什么了？

训练妙法

给宝宝准备一些熟悉的用具，如小勺、小碗、奶瓶、小水杯及一个袋子，让宝宝边说这些用具的名称，边把它们放到袋子里。

之后，让宝宝把手放到袋子里去摸，每摸到一件用具都要说出是什么，然后拿出来看看宝宝猜得对不对。如果猜对了，父母要马上赞扬，若是猜得不对，鼓励宝宝继续练习。

Tip

经常玩这种游戏，可以提升宝宝判断物品以及总结经验的能力。

红皮球、红苹果……

训练妙法

宝宝最感兴趣的颜色是红色，所以教宝宝认识颜色可从红色入手。比如，给宝宝一块红色积木，或者一个红色的小皮球，或者一个红苹果……反复告诉他们“这是红色的”。所有红颜色的东西都可以用来教宝宝。

Tip

一般经过三至四个月的反复训练，当宝宝看到红色的东西就知道是红色的。此后，可再逐步教宝宝认识其他颜色。帮助宝宝认识颜色，可以提高对环境的适应能力。

语言能力 Language
宝宝会出现哪些行为特点？

1 宝宝会有意识叫爸爸妈妈了

宝宝的语言能力越来越强了。现在，他们的小嘴里喊出的“爸爸”“妈妈”是有意识的了，而不像六七个月大时那样无所指。父母们听到后无比开心哦！

2 宝宝能理解更多些的字了

宝宝可爱的小嘴里，已经能说出两个或者三个字了，而且，他们还能够理解较多字的意思，进步不小哦！不过，宝宝说得还不完整，发音也不太清楚，需要继续进步！

关键期做关键事！
父母快来测测看 Test

智能自测题

向宝宝要东西，宝宝是否会松手把东西给你呢？

正确测试法

父母先把一个玩具放到宝宝的手里，然后对他们说“你把玩具给妈妈（爸爸）”，看看宝宝听到要求后，是否能够松手并且把玩具送到大人的手里。

提醒一点！父母应该用语言向宝宝表达要玩具的要求，而不要伸手去拿取玩具。

宝宝达标了吗？

听到父母的要求，宝宝主动松手并且把玩具放到父母的手里即为合格。

Pass！
宝宝真棒！

提升智能小训练 Training
为宝宝智能飞跃发展加油!

妈妈，你要苹果吗？

训练妙法

在宝宝有意识地叫“爸爸”、“妈妈”后，父母可以经常利用各种机会引导宝宝发音。

比如，宝宝要吃苹果时，父母一边嘴里说着“苹果”，一边手里拿起苹果给宝宝看。反复训练后，当父母再说“苹果”时，宝宝就会把苹果拿起来，递给父母。另外，父母让宝宝做坐、走等大动作时，嘴里最好同时发出“坐”和“走”的音，让宝宝模仿发音，并理解动作和发音的关系。

Tip

父母要尽可能给宝宝提供能与大人之间进行以上简单“对话”的机会，以促进宝宝的语言能力快速发展。

小动物们大合唱！

训练妙法

和宝宝一起看大幅的动物图片，一边告诉宝宝这些动物的名称和叫声，并和宝宝一起模仿。其后，可以经常问问宝宝“这是什么”，“它怎样叫”，也可以让宝宝模仿动物玩具发出的叫声，如小鸭玩具发出“嘎——嘎”声，小羊玩具发出“咩——咩”声，小猫玩具发出“喵——喵”声。多次训练后，只要父母一拿出玩具或画册，宝宝就会模仿不同动物特有的叫声。

Tip

这是一个促进宝宝认知和语言双重发育的游戏，赶紧和宝宝试试吧。

社交行为 Community
宝宝会出现哪些行为特点?

1 穿衣服时会与大人配合了

父母给宝宝穿衣服时，宝宝喜欢“自己来！”不会像以往那样被动，完全由大人摆布，而是会主动地伸胳膊伸腿与大人配合。不过，宝宝的能力还不足，需要父母多给宝宝提供配合的机会。

2 能执行大人的简单委托了

令父母欣喜的是，宝宝已经能为爸爸妈妈做一些事情了，觉得他们真的在长大。比如，父母说出“宝宝，把玩具拾起来”或者“关上门”等简单的委托，宝宝就会这样去做哦。

关键期做关键事！
父母快来测测看 Test

智能自测题

给宝宝穿衣服的时候，宝宝能够主动配合吗？

正确测试法

父母在给宝宝穿衣服的时候，注意观察宝宝穿上衣时是否会伸手，穿裤子时是否会把腿伸直。当然，对于这么大的宝宝而言，他们还不一定能做得很好。

宝宝达标了吗？

只要宝宝在穿上衣时会伸手，穿裤子时会伸直腿，能与父母配合即为合格，即使做得不好也算通过。

Pass！
宝宝真棒！

提升智能小训练 Training
为宝宝智能飞跃发展加油！

宝宝，你的嘴巴在哪儿呢？

训练妙法

准备一个布娃娃，教宝宝指认布娃娃的眼睛、鼻子、嘴巴、耳朵等部位。

当宝宝基本上能够说出各部位名称时，再教其指认自己的五官，比如妈妈指着自己的嘴巴说：“妈妈的嘴巴在这里，宝宝的在哪里？”让宝宝指出自己的嘴巴。以此类推地让宝宝逐一指出自己的眼睛、鼻子、耳朵等。

Tip

通过让宝宝认识五官来了解自己身体各部分的名称，培养宝宝建立自我意识。

我会帮妈妈切面包片了！

训练妙法

这一时期的宝宝很喜欢模仿父母的动作，可以让他们向父母学着做些事情。为宝宝准备一套木制的刀具和一些松软的易碎的面包。父母先给宝宝演示一下如何用道具切面包，切完之后把面包片摆好在盘里，之后让宝宝也来切一切，摆一摆。

Tip

不仅可以帮助宝宝学习生活技能，而且摆面包片还可以培养宝宝的秩序感，同时训练宝宝的手眼协调能力。

宝宝智能测试问答

Q 宝宝十二个月大了，但是他还什么都不会说。我很担心宝宝的语言发育。请问语言发育是怎样一个过程？哪些原因会造成语言发育迟缓？

A 婴幼儿的语言发育可以分为以下四个阶段：

1. 反射性发音期（一至四个月）

一个月大时在清醒时发出一种细小的喉音；二个月大时发出a、o、e等音；三个月大时发出咯咯笑声；四个月大安静时会咿呀自语，高兴或不满时会大声喊叫。

2. 咿呀学语期（五至八个月）

五个月大时见熟人和玩具时会咿咿呀呀像是“说话”，七个月大时发出da-da、ma-ma等声音，八个月大时模仿弄舌或咳嗽声。

3. 理解语言期（六至十五个月）

六个月大时在身后唤宝宝名字时会回头找叫他的人；九个月大时和宝宝说欢迎或再见时会有相应的动作表示；十二个月大时将玩具给宝宝，再要回来可能主动给大人；十五个月大时会根据所听话语指出自己的鼻、耳、眼、嘴等五官。

4. 表达语言期（十至十八个月）

十个月大时能模仿大人发单音字如“拿”、“走”等；十一个月大时会用字音表示人、物或动作；十二个月大时见爸爸妈妈会主动称呼“爸爸”、“妈妈”；十八个月大时会提出个人需要，如说“吃”、“喝”等；二十四个月大时语言将更加飞跃发展。

父母可以根据以上出现的时间对宝宝进行测试。一般来说，三岁以下的宝宝语言发展可能落后的原因包括：

*宝宝不发出声音，或声音很小或难以理解，可能预示着有听力、

嘴部肌肉或协调的问题。

*宝宝不理解简单的指示，或加工信息的时间过长，可能预示着接受语言有问题。

*宝宝不能构造简单的两词句子，不能使用语言问一个问题或要一个玩具，可能在表达语言方面有困难。有这种问题的孩子倾向于依靠更多非言语的表达如用手指或手势比划。

怀疑宝宝语言发展有问题时应该去看医生。一旦宝宝被确诊为言语和语言障碍或落后要及时进行治疗，越早治疗效果越好。

Q 宝宝十二个月大，见到爸爸或妈妈时，他不像别的这么大的孩子会主动地叫“爸爸”或“妈妈”，总得大人让他叫，他才会叫。怎样让宝宝能够主动地开口说话呢？

A 父母在生活中要注意鼓励宝宝尽量开口说话，并将语言与动作对应起来，逐步与大人之间能够进行简单的对话。

具体方法是，在宝宝见到爸爸妈妈时能够主动有意识地叫“爸爸”、“妈妈”的基础上，再引导宝宝有意识地叫出其他人的称谓，比如“爷爷”等。另外，父母要注意采取言传身教的办法，先对宝宝示范一些特定的动作如“走”、“拿”等，一边发音一边做相应的动作，启发宝宝将语言与动作联系起来。多次训练后，当父母再发出这些音，宝宝就会做出相应的动作，与大人之间能进行简单的对话了。如果向宝宝发出的要求宝宝能够应答，或者大人做某个动作后，宝宝能够将表示这个动作相应的词说出来，比如妈妈走起来，宝宝会说“走”，这时大人要马上赞扬宝宝，提高宝宝主动开口说话的兴趣。

父母亲情手记 Love Notes

___年___月___日___时　　___个月___天

测试项目	测试达标时间
大运动	___个月第___天
精细运动	___个月第___天
适应性行为	___个月第___天
语言能力	___个月第___天
社交行为	___个月第___天

亲情留言

- -
- -
- -
- -
- -
- -
- -
- -
- -

珍藏宝宝智能成长之流金轨迹

宝宝照片

十八个月

第六个智能飞跃发展关键期

opening

在这一关键期，通过上下楼梯、捉蝴蝶、猫捉老鼠等游戏，增强宝宝的腿部力量和身体的平衡能力，训练宝宝稳定地独走、小步跑、拍的动作和扔东西等大运动更为重要哦！

通过搭积木和在纸上画道道、穿扣子以及捏投小丸等动作，进一步训练宝宝手动作的灵活性、准确性和手、眼、脑的协调功能。

通过训练讲故事提高宝宝表达词句的能力，通过听声音模仿训练宝宝发音并促进声音与动作的统合能力，通过唱儿歌丰富宝宝的词汇。

通过培养观察力和良好的生活规律，教会宝宝认识自己的玩具、常用餐具、洗脸的用具以及穿着的衣服和鞋子等，并培养宝宝养成将以上用品放在固定地方的好习惯。

大运动 Big sports
宝宝会出现哪些行为特点?

1 自己会扶栏杆上下楼梯了

宝宝腿部肌肉的力量越来越强。在有栏杆的楼梯上，宝宝能扶着栏杆自己上下楼梯了。如果宝宝的一只手被大人牵着，他们也能自己登上楼梯呢。

2 宝宝学会自己蹲下去了

宝宝的大运动功能发展得很快，能够做很多动作了。比如，宝宝可以自己蹲下去了，但由于控制能力有限，因而动作做得不那么游刃有余，显得有些迟缓。

除此之外，宝宝还能自己坐椅子，而且开始会用两只脚跳了。

关键期做关键事！
父母快来测测看 Test

智能自测题

宝宝能不能举手过肩，把球扔出去呢？

正确测试法

父母准备好球（直径约六厘米的皮球）后，当着宝宝的面做出举球、过肩的扔球动作，然后鼓励宝宝也像大人这样扔球，看看宝宝能不能举手过肩并且把皮球扔出去。

提醒一点！宝宝可能会无方向地扔球，这么大的孩子这样做是正常的。

宝宝达标了吗？

宝宝会像大人那样举手过肩地扔球，虽然可能会没方向，但扔出的距离大于成人一臂之远即为合格。

Pass！
宝宝真棒！

提升智能小训练 Training
为宝宝智能飞跃发展加油!

一起爬楼梯喽!

训练妙法

一开始训练时，父母用一只手牵着宝宝，扶着楼梯栏杆上楼梯。待宝宝能力逐渐增强，让宝宝练习扶着楼梯扶手自己上楼梯，练习时注意让宝宝两脚站稳后再向上迈步。

宝宝学会上楼梯之后，父母可以牵着他们的手，练习一步一步地下楼梯，也需注意宝宝两脚站稳后再伸腿往下迈。等到宝宝能熟练地上下楼梯后，让宝宝两脚并拢，父母牵其双手，带着他们从最后一个台阶练习往下跳。

Tip

上下楼梯是训练宝宝腿部力量和身体保持平衡的最佳游戏之一，经常训练对大运动发展很有益处。

哇！我捉到可爱的小蜜蜂了

训练妙法

父母先用纸片制作一个宝宝很喜欢的小蜜蜂，然后把这只“小蜜蜂”系在一根带绳子的杆子上，不断挥舞杆子让“小蜜蜂”上上下下飞舞。待“小蜜蜂”落下来时，父母就鼓励宝宝去捉。一旦宝宝去捉“小蜜蜂”，父母立刻将其提起，使宝宝不得不去追，待宝宝又追到“小蜜蜂”后，再将其提起，让宝宝继续去追。

Tip

父母带着宝宝反复玩这个游戏，能够锻炼宝宝走步与小步跑和拍的动作。

哈！做个平衡游戏小赢家！

训练妙法

给宝宝准备一个可以拖着或者拉着走的玩具小鸭子或者小狗。妈妈先示范怎样拉着玩具倒着走，然后鼓励宝宝倒着走。或者妈妈也可与宝宝做你进我退的游戏。

Tip

这样可以训练宝宝步态稳定，增加身体的平衡能力，不过妈妈要注意保护宝宝，以免摔倒受伤。

精细运动 Fine motor
宝宝会出现哪些行为特点?

1 宝宝会把纸折成两折或三折

如果给宝宝一张纸，宝宝不像以前那样只知道乱撕了，而是会把这张纸折成两折或者三折。不过，由于手部的精细能力还不足，所以折出的纸并不成形，宝宝还需继续努力哦。

2 宝宝开始学会捡豆豆了

若是父母给宝宝一些豆豆，宝宝开始会捡豆豆了。但是，一开始别期望着宝宝会在那儿一颗颗地捡豆豆，他们大多都是先大把地去抓，在此之后才会每次捡一颗豆豆。

关键期做关键事！
父母快来测测看 Test

智能自测题

宝宝能用蜡笔在纸上画出任意方向的道道吗？

正确测试法

父母取来蜡笔（木材上画线的红色大蜡笔）和纸张，先在纸上随意方向画出道道，然后鼓励宝宝也这样画，看看宝宝是否能在纸上画出道道。

提醒一点！宝宝画出的道道可以是任何方向的。

宝宝达标了吗？

宝宝能用蜡笔在纸上画出道道即为合格，可以不限制方向。

Pass！
宝宝真棒！

提升智能小训练 Training
为宝宝智能飞跃发展加油！

捡呀捡呀捡豆豆！

训练妙法

把红豆、黄豆和绿豆混合在一起，桌子上准备好三个红色、黄色、绿色的小盘子。待宝宝在桌前坐好之后，父母先用拇指和食指对捏的方法，在豆子堆里分别捡出一颗不同的豆子，继而嘴里唱着儿歌："红豆豆、黄豆豆、绿豆豆，宝宝把你们送回家，送呀送回家。"把它们放在相应颜色的小盘里，也可以编个捡豆豆的小故事，鼓励宝宝去捡哦。

Tip

捡豆豆游戏既可锻炼宝宝手指的灵活性，又可以帮助他们认知颜色和不同种类的豆子呢。为了安全起见，也可以将豆子换成入口即化的小食品等，如小馒头。

呵呵！接龙游戏真开心

训练妙法

在桌子上放十多块积木，妈妈说：“宝宝，看妈妈给你造个大火车。”可以一边唱儿歌一边把一块块积木连接起来，即“接龙”，之后鼓励宝宝也这样做。宝宝接得不好，妈妈多鼓励，给宝宝增加信心；宝宝接得好，妈妈马上称赞，让宝宝开心，提高宝宝玩接龙游戏的兴趣。

Tip

接龙游戏不仅能够训练宝宝手部动作的准确性，提高手眼的协调功能，还能开发右脑的智能。

大盒套小盒真好玩儿！

训练妙法

准备好两层套盒。妈妈先让宝宝看自己怎样把小盒套入大盒里，并且说：“宝宝来试试哦。”然后让宝宝把小盒从大盒里拿出，再放进大盒里，逗引宝宝反复玩儿。

Tip

这个训练不仅可以提高宝宝手指肌肉的灵活性，同时还可以帮助宝宝认知大和小的概念。

适应性 Adaptability
宝宝会出现哪些行为特点？

1 宝宝能连翻好几页书了

宝宝可以稍稍骄傲一下了！这时，如果给宝宝一本书，他们一次能够翻两至三页了，而且对连续翻书很感兴趣哦。另外，宝宝还能指出书中的“车”或“猫”等图像。

2 懂得翻转瓶子倒里面的小丸

随着大脑不断发育，宝宝越来越爱动脑筋了。如果给他们一个装有小丸的瓶子，宝宝会或自发或按照大人的要求，把瓶子翻转过来后，再去将里面的小丸倒出来。

关键期做关键事！
父母快来测测看 Test

智能自测题

在父母的示范下，宝宝能搭高四块积木吗？

正确测试法

父母先让宝宝看着自己如何搭高两块积木，然后推倒，继而鼓励宝宝也这样去搭高积木，观察宝宝能不能搭高四块积木。

提醒一点！父母必须注意要一块一块地给宝宝拿出积木。

宝宝达标了吗?

在父母的示范下，宝宝能够搭高四块积木即为合格。宝宝也许好几次才能搭好，可以试三次，有一次搭好就算通过。

Pass!
宝宝真棒!

提升智能小训练 Training
为宝宝智能飞跃发展加油!

香蕉苹果大鸭梨!

训练妙法

准备几个盘子，盘底贴上各种水果的图画，如香蕉、苹果、鸭梨等。

父母先拿出这些水果，一边让宝宝认一边说出它们各自的名称，然后将各种水果放入有相应图案的盘子里，摆在桌子上，让宝宝看，父母再把水果取出来。之后，鼓励宝宝这样去做，宝宝做得对，水果就是奖品，并给宝宝讲讲这种水果的颜色和味道。

Tip

香蕉、苹果、鸭梨、草莓、葡萄等，都是宝宝们最爱吃的水果，用水果训练可以培养宝宝认知多种水果的颜色、味道和形状，一定会事半功倍哦!

自己的事情自己做!

训练妙法

晚上睡觉时，父母先向宝宝示范一下如何脱鞋、脱袜，然后说：“宝宝自己也会做。”鼓励宝宝也这样做，训练一段时间，宝宝一般就会自己脱鞋脱袜了，不久还能配合父母脱掉自己的上衣；每天吃饭时，给宝宝单独准备一个小碗和小勺，并且给小碗里盛些饭菜，父母先喂宝宝几勺饭菜，继而鼓励他们自己拿小勺吃一两勺饭，一边吃父母一边说：“一二三，拿好小勺；四五六，送到小嘴。”

Tip

反复进行训练，就可以帮助宝宝培养一些生活自理能力，为日后去幼儿园打下基础。

语言能力 Language
宝宝会出现哪些行为特点？

1 宝宝会说的话越来越多了

宝宝的语言能力大有进展，小嘴里能说出的话越来越多哦！

令人欣喜的是，宝宝现在能有意识地说出很多单字，大约有十个甚至十个以上，因而表达能力越来越强了。

2 能完成大人的一些简单指令

宝宝能听懂的话也越来越多了。这一时期，父母如果对宝宝说出两个简单的指令，比如说“宝宝，把皮球给妈妈”或者“宝宝，把皮球放在桌子上”，宝宝都能够完成哦！

关键期做关键事！
父母快来测测看 Test

智能自测题

宝宝模仿父母，能说出十个或十个以上的单字吗？

正确测试法

父母先有意识地说出十个或十个以上的单字音，如喝、杯、走、拿、姨、鸡、奶……观察宝宝能不能模仿发音。

提醒一点！让宝宝模仿的单字音应该除去“爸”和“妈”这两个字音。

宝宝达标了吗？

宝宝能模仿父母的发音，有意识地说出十个或十个以上的单字即为合格。

Pass！
宝宝真棒！

提升智能小训练 Training

为宝宝智能飞跃发展加油！

宝宝，你都做了些什么？

训练妙法

父母先让宝宝做一件事情，比如帮助拿家里的某个东西，或者周末带宝宝去动物园看动物。

回到家后，父母让宝宝把这一过程进行讲述。如果宝宝表达得不完整，父母可以启发宝宝做比较完整的讲述，比如什么时候去的动物园、和谁一起去的、都看见了什么等。

Tip

一开始，宝宝可能讲述得不那么顺畅，父母一定要耐心，每件事情可以让宝宝讲述两三次。经过训练，会很好地提高宝宝讲述一件事情的能力，从而培养语言的连贯性。

宝宝，你要还是不要呢？

训练妙法

这一阶段的宝宝，尚处在习惯用动作表达需要和愿望的阶段，比如想喝牛奶，就会用手指冰箱而不直接说出来。为了促使宝宝表达自己的需求，并且用肯定或否定的语言表达自己的要求，父母要注意采取“延迟满足”的办法，让宝宝学会用“是”或“不是”、“要”或“不要”来表达自己的需求。

Tip

宝宝在表达自己的需求或者意愿时，最好让他们配合点头或摇头的动作，这样可以更有效地促进语言能力提升。

社交行为 Community
宝宝会出现哪些行为特点？

1 白天一般不会尿湿裤子了

宝宝越来越像个大孩子了，让父母逐渐省心一些了。

他们不像以往那样，由于不会说大小便而时常尿湿裤子，给父母增添麻烦。只要大人按时叫他们坐盆排便，白天基本不会再尿湿裤，甚至宝宝会主动坐盆大小便。

2 宝宝会模仿父母做家务

宝宝越来越顶事了！他们会观察父母怎样拿扫把扫地、用抹布擦桌子、用拍子拍打被子等，模仿着做家务。另外，宝宝对小朋友开始感兴趣了，表现出爱和关切的行为。

关键期做关键事！
父母快来测测看 Test

智能自测题

宝宝大小便是否会坐盆，在白天还会尿湿裤子吗？

正确测试法

在宝宝想要大小便时，父母要注意问宝宝要不要坐盆，看看宝宝做出怎样的回答。另外，父母还应该注意观察宝宝白天是否还会尿湿裤子。

宝宝达标了吗？

经过父母的提醒，宝宝懂得大小便坐盆或自己主动去坐盆，白天一般不尿湿裤子即为合格。

Pass！
宝宝真棒！

提升智能小训练 Training
为宝宝智能飞跃发展加油!

我是妈妈的小助手!

训练妙法

准备一个漂亮的小本子和一些宝宝喜欢的小贴画。妈妈让宝宝帮助整理玩具、收拾家里的小零碎物品、帮大人拿东西等，教宝宝做一些力所能及的事情，做妈妈合格的小助手。

宝宝做出一点成绩，妈妈就要给予肯定和鼓励，并且每天睡觉之前总结一下宝宝的表现，给小本子贴上一个小贴画。

Tip

当小贴画达到一定数量时，还要给宝宝额外的精神奖励，比如出去玩儿、讲故事等，尽量避免物质奖励哦。

今天我是小主人！

训练妙法

平时，家里可以邀请一些小朋友来玩，让宝宝在一旁观察妈妈是怎么招呼客人的。如果宝宝愿意，宝宝也可以当小主人招呼客人，学习妈妈的样子招呼小客人，给他们拿玩具、饮料和水果，并且告诉宝宝，这些都是他的小客人，所以要自己来招待。

Tip

在宝宝学习交往的时候，这样的游戏能促使宝宝及早融入社会，减少依赖父母的程度，社会交际能力得到提升。

宝宝智能测试问答

Q 宝宝一岁多了，但是他还不会数数。我看到朋友家同样大的孩子，人家就会唱着数数，我的宝宝是不是智力上有什么问题呢？

A 人们认为智力就是读、说、写、算等方面的能力，其实这些只是智力的一个方面，属于语言和数理逻辑智力。实际上，智力是多元化的，而不是专指某一种或某几种能力。

视觉空间智力、音乐智力、身体运动智力、人际交往智力、自我认识智力和自然观察智力，至少这六个方面的表现和能力也都属于智力。可见，智力是多元化的，不是专指某一种或某几种能力。

宝宝的数理逻辑智力有一个逐渐发展的过程，一岁多的宝宝不会数数很正常，父母常把唱数和数数混为一谈。一岁多的宝宝只能跟着大人顺口溜出1、2、3，比如大人说1、2，他溜出一个3；或者他们像唱歌一样顺口说出1、2、3。实际上，他们并不能对数字产生真正意义上的理解，例如1就是对应一个苹果，2就是对应两个苹果。所以，父母不必因为宝宝不会唱数这一条就怀疑宝宝的智力。

很多父母经常会把自己的宝宝跟同龄孩子做比较，或对照书上说的月龄发展指标来判断宝宝的智力发展水平。其实，如果彼此只相差两三个月也属于正常情况。

Q 宝宝一岁三个月，他走起来时身体歪歪扭扭的，有时候还摔跤，不那么稳当，这是否属于不正常呢？

A 如果宝宝在一岁半后仍不能走得较稳当，经常摔跤，并走起路来左右摇摆似鸭子，可能是体内隐匿着某种疾病，要尽早带宝宝去医院，切不可大意。

宝宝大约一岁开始学步，随之逐渐能够独立行走。刚会走路的宝宝，因为头比较大，身子长，四肢较短，身体处于头重脚轻、重心不稳的状态。加之人的身体重心位置变化时，需要及时调整姿态来保持身体平衡。而宝宝的神经系统还未发育完善，大脑皮质的兴奋过程处于泛化阶段，腿部肌肉又缺乏力量，运动神经支配肌肉运动的能力也比较弱，所以在最初走路时往往是通过重心前移来带动身体移动，保持身体平衡尚需身体其他部位的协助。由此，宝宝在走路时经常做出两条胳臂和两条腿的交错及协调摆动的动作，还会做出胳膊和腿配合不协调的动作，往往加大脚的支撑面积，表现出两脚之间的距离比较宽。这样，就使他们走路的步幅及速度都不均匀，走起路来东倒西歪。随着身体生长发育，宝宝的神经肌肉功能日渐加强，步态会逐步变得稳当起来。

不过，如果宝宝在一岁半以后仍不能走得较稳当，经常摔跤，可能体内隐匿着某种疾病，需尽早带宝宝去医院查明原因。

Q 宝宝二十个月大了，最近特别认生，出去见了陌生人就躲得远远的，家里来客人就哭个没完，这是怎么回事？

A 怕生是婴幼儿社会性发展到一定程度的体现。

这一年龄的宝宝对父母和亲人仍很依恋，一旦遇到从未见到过的人和物就可能表现出胆怯的样子。即便到了两三岁，宝宝仍会对陌生人和陌生情景感到恐惧。父母要鼓励宝宝多与小朋友一起玩，多接触家里的客人，做一些力所能及的招待活动，而不要随便批评宝宝，这样容易损伤宝宝的自尊心和自信心。

父母亲情手记 Love Notes

___年___月___日___时　　___个月___天

测试项目	测试达标时间
大运动	___个月第___天
精细运动	___个月第___天
适应性行为	___个月第___天
语言能力	___个月第___天
社交行为	___个月第___天

亲情留言

珍藏宝宝智能成长之流金轨迹

宝宝照片

二十四个月

第七个智能飞跃发展关键期

opening

在这一关键期，通过手的握物、捏拿、搭东西、折纸、拍小铃鼓、穿扣眼、开门关门、插入拔出等精细运动，加强手指动作的灵活性和准确性，训练手腕动作以及提高手、眼、脑的协调功能更为重要哦！

采用实物开始对宝宝进行从“1”开始的数量训练；从红色开始的各种颜色认知训练；从触觉和冷热觉开始的感知觉训练，提高宝宝对外界环境的适应能力。

尽量为宝宝提供一些比较复杂并且难度较大的游戏，如追赶小动物、双脚跳跃、踢足球、爬高等，训练大肌肉动作和全身运动的协调性，以及全身动作与视觉的统合能力。

多鼓励宝宝复述事情的经过，多鼓励宝宝对事物进行提问，丰富宝宝的词汇量和组织句子的能力，从而促进语言能力发展，增进社会交往能力。

大运动 Big sports
宝宝会出现哪些行为特点？

1 宝宝学会多种大动作的本领了

比如，宝宝两只脚并在一起，能离地跳起来两次以上；学会了跑跳和上台阶；可不扶栏杆或其他东西自己上下楼梯，但两步才能走一个台阶；捡东西站起来时不再跌倒；踢球时身体不再失去平衡。

2 宝宝能够有方向地扔球了

几乎所有的宝宝都喜欢扔球游戏，但是先前宝宝并不能有方向地扔球。到了这个月份，在父母的指令或示范下，宝宝能取球举手过肩，而且将球向父母的方向抛出去。

关键期做关键事！
父母快来测测看 Test

智能自测题

宝宝能模仿大人做两只脚同时离开地面跳起的动作吗？

正确测试法

父母先给宝宝演示一下两只脚同时离开地面，并且跳起来的动作，然后鼓励宝宝模仿，看看宝宝能不能两只脚同时离开地面跳起。

提醒一点！必须是两只脚同时离地，同时落地。另外，测试时要注意给宝宝选择防滑、软硬适中、有弹性的鞋子，这样的鞋子适宜宝宝做跳跃运动。

宝宝达标了吗？

宝宝能两只脚同时离开地面跳起两次以上即为合格。

Pass！
宝宝真棒！

提升智能小训练 Training
为宝宝智能飞跃发展加油！

坏虫子，你往哪里逃？

训练妙法

父母准备一根一米长的绳子和一个玩具虫子。先把玩具虫子系在绳子上，然后放在地上，父母拉着绳子一端，拖着玩具虫子跑，让宝宝在后面追。

父母在跑的时候，要注意控制好速度，只比宝宝稍快一点儿就可以了，这样会增加宝宝追跑的兴趣，最终，要让宝宝追上并且捉到玩具虫子，把虫子踩在脚下。

Tip

这个游戏既能够锻炼宝宝的大运动能力，还可以开发宝宝的左脑功能。

看啊！我比小公鸡跑得快

训练妙法

为宝宝准备几个能够拖拉的玩具小公鸡，让宝宝和小朋友一起坐在客厅一端。父母告诉宝宝们：“小公鸡跑了，现在你们跟在我身后去追，看看谁跑得快。”然后，父母手里拉着玩具小公鸡在前面跑，让宝宝们在身后追，追上两三圈后就把玩具小公鸡发给宝宝们，表示追到了，让宝宝自己拉着小公鸡玩一会儿。

Tip

父母要让宝宝在指定的范围里跑，避免与别的小朋友因相互碰撞而摔倒。

宝宝快来追泡泡！

训练妙法

教宝宝唱“大泡泡，小泡泡，快来追泡泡。泡泡圆，泡泡亮，泡泡真好玩”，带宝宝出去玩吹泡泡。妈妈先吹泡泡并戳破它，然后鼓励宝宝和自己一起追泡泡、戳破泡泡。

Tip

晴朗的天气，在户外父母可以和宝宝一起吹泡泡，结合一些奔跑的游戏，让宝宝快乐地动起来！

精细运动 Fine motor
宝宝会出现哪些行为特点?

1 集多种精细小本领于一身了

比如，给宝宝一些积木，他们能把积木搭高六至七块，还能用积木摆火车；宝宝看见门还会旋转门把，看见瓶子能盖紧或拧紧瓶盖，而不仅仅是盖上了事；宝宝还会模仿画竖线。

2 小手能做更精细的活儿了

宝宝的手指也越来越灵巧，能干更精细的活儿了。比如，给宝宝一个直径长约一点五厘米的四孔扣子和长约五十厘米的类似玻璃丝的绳儿，他们会把绳儿往扣眼里穿，并且还能另一只手将线拉出。宝宝还会自己洗手，并且用毛巾把手擦干呢。

关键期做关键事！
父母快来测测看 Test

智能自测题

宝宝能把细绳穿过扣眼，并且用另一只手拉出来吗？

正确测试法

父母准备好类似玻璃丝样的细绳和带扣眼的扣子。先让宝宝看着，大人是怎样一只手把细绳穿过扣眼，然后另一只手把细绳拉出来的，然后鼓励宝宝也这样做，观察宝宝做得如何。

宝宝达标了吗？

宝宝能模仿大人把细绳穿过扣眼，并且能用另一只手将细绳拉出即为合格。

Pass！
宝宝真棒！

提升智能小训练 Training

为宝宝智能飞跃发展加油！

哇！香喷喷的面条做好了

训练妙法

妈妈拿来一些白色废纸，自己先把这些纸撕成一条一条的，并且一边撕一边唱“面条面条喷喷香，宝宝最爱吃面条”，充分调动宝宝的兴趣。

一开始，妈妈最好先在废纸上撕开一个小口子，再让宝宝去撕纸。看见撕成的一条条“面条”，宝宝会兴奋不已哦！

Tip

撕纸动作可以很好地训练宝宝的手指运动，为日后使用剪刀等工具打下基础，同时也可促进宝宝的想象力发展和创新思维。

看呀！我包的糖球太漂亮了

训练妙法

准备各种颜色的橡皮泥并将其搓成糖球状。然后，父母取一些漂亮的糖纸，让宝宝看着自己如何把糖球放在糖纸上，把它包成了一个漂亮的糖球。当宝宝被吸引时，父母鼓励宝宝也像自己那样包糖球。一开始，宝宝可能做得不太好，但要鼓励宝宝坚持练习。

提醒一点！切勿让宝宝把包好的“糖”放进嘴里。

Tip

经常练习包“糖球”，对宝宝的拇指、食指以及其他手指的灵活性和协同能力大有促进，还可启蒙和培养宝宝的美学意识。

比一比，看谁投得多哦！

训练妙法

父母先用拇指和食指拿起一颗小珠子投进开口瓶子里，继而让宝宝也投。等宝宝动作熟练了，与宝宝分别往不同瓶子里投珠子，“比比”谁投到瓶里的珠子多。

Tip

经常让宝宝玩儿这个游戏，可以锻炼宝宝拇指和食指的协调性，以及与身体动作的统合能力。

适应性 Adaptability
宝宝会出现哪些行为特点？

1 懂得大和小的概念了

哪个东西大？哪个东西小？宝宝开始懂得了。比如，给宝宝大小不一样的物品，宝宝会指出大小来哦。除此，这个月份的宝宝还对“1”和“许多”也有了一些概念了。

2 宝宝会一页一页连续翻书了

宝宝翻书的动作越来越纯熟了。到了这个月份，他们不像以往那样乱翻书了，通常都能够一页一页地翻。而且，他们每次翻一页，能够连续翻三页以上呢。

关键期做关键事！
父母快来测测看 Test

智能自测题

宝宝能用手捻着书页，一页页地翻书了吗？

正确测试法

父母准备好一本书，拿出来后先让宝宝看着自己怎样用手捻着书页翻书，然后鼓励宝宝也这样做，看看宝宝是否也会用手捻着书页翻书。

提醒一点！避免让宝宝翻那种书页边缘较为锋利的书，否则可能会损伤宝宝柔嫩的小手。

宝宝达标了吗？

宝宝能用手捻书页翻书，每次翻一页，连续翻三页以上即为合格。

Pass！
宝宝真棒！

提升智能小训练 Training
为宝宝智能飞跃发展加油！

知道吗？我既知冷又知热

训练妙法

妈妈握住宝宝的小手，让其轻轻触摸盛热粥的碗，然后告诉宝宝“烫”。多次练习后，宝宝就会形成条件反射，再遇到热粥或者热水时，会因害怕烫边缩手边说“烫”。

以此类推，让宝宝感受什么是凉，什么是软，什么是硬，什么是光滑，什么是粗糙等感觉，培养宝宝对不同东西的触觉和冷热觉。

Tip

通过以上的训练，可以很好地培养宝宝对触觉和冷热感觉的认识和体验，更好地适应生活环境。

宝宝，你要买什么菜呢？

训练妙法

父母先带宝宝去菜市场买几次菜，让宝宝对菜市场的情景有一些了解。回家后，准备一些常见的蔬菜卡片，如黄瓜、卷心菜、萝卜、西红柿、茄子、芹菜、蘑菇等。将各种蔬菜卡片散放在桌上，父母扮作卖菜人，宝宝扮作买菜人。问宝宝："你要买什么菜呢？"让宝宝一边说出要买的蔬菜名称，一边指出桌上相应的卡片。然后，让宝宝继续问"多少钱一斤"……

Tip

帮助宝宝充分认识生活场景，认识常见的蔬菜，同时潜移默化地增强宝宝与人交往的意识。

哦！圆圈圈才能滚起来

训练妙法

与宝宝相对而坐，先拿一个套环向宝宝滚去，再让宝宝滚回来。告诉宝宝这个圈圈是圆形，所以能滚起来，同时拿出三角形、正方形给宝宝看。告诉宝宝它们有角，不能滚起来，并让宝宝用小手摸摸。

Tip

让宝宝用小手摸摸三角形、正方形，并告诉宝宝，这些形状有角所以不能滚动，这样有助于宝宝认识几何形状。

语言能力 Language

宝宝会出现哪些行为特点?

1 宝宝会用“我”表示自己了

宝宝在半岁前，认识不到自己的存在，吸吮自己的小手与吸吮其他东西没什么两样。一岁半左右，随着语言能力发展逐渐认识到自己的存在，但这时称呼自己的名字仍然像称呼其他事物一样。

不过，这个月份的宝宝说到自己时能正确用代词“我”而不是用小名来表示了，标志着自我意识的产生。

2 能说出两句甚至两句以上的儿歌

宝宝原来只能只言片语地念些儿歌。这时，宝宝念儿歌的能力见长了，能说出两句甚至两句以上的儿歌。另外，宝宝还能告诉大人要喝水、大小便、吃饭等需求了。

关键期做关键事！
父母快来测测看 Test

智能自测题

宝宝能说两句或者两句以上的儿歌吗？

正确测试法

宝宝在已经达到的语言能力基础上，如发音、词汇、组句和表达等方面，又有了新的进步。在不提示宝宝的情况下，父母鼓励他们说儿歌，看看宝宝能否说出两句或两句以上的儿歌。

宝宝达标了吗？

宝宝不用父母提示，就能说出两句或两句以上的儿歌即为合格。

Pass！
宝宝真棒！

提升智能小训练 Training
为宝宝智能飞跃发展加油！

我是会讲故事的小牛人哦！

训练妙法

这一时期宝宝的语言发展很快，父母要不误时机地加以促进。与宝宝在一起时，父母可随意将一件事或宝宝常玩的玩具起个头编故事，让宝宝往下接。当宝宝说不下去的时候，父母可以往下接，一步一步引导故事往前发展。父母可根据自己宝宝的语言能力，在故事中尽量运用他们能驾驭的词汇，引导宝宝讲下去。

Tip

宝宝在游戏中可以重复已会的语言，又能学习新的语言，故事的发展还可以锻炼宝宝的思维能力并发挥他们的想象力。

妈妈，我要喝水！

训练妙法

宝宝一般都习惯于说“宝宝要妈妈抱，宝宝要喝水，宝宝要尿尿”……这是因为宝宝还不懂得代名词。

这一阶段，应多鼓励宝宝用“我”来替代自己的名字。比如“宝宝要喝水”说成“我要喝水”，“宝宝的小碗”说成“我的小碗”，“宝宝的杯子”改成“我的杯子”，以此类推，教宝宝懂得用“我”来代替自己的名字。

Tip

经常进行这样的训练，可以帮助宝宝学会用代名词来表达自己，不仅提高语言能力，还可以促使宝宝产生自我意识。

社交行为 Community
宝宝会出现哪些行为特点?

1 宝宝是个十足的小问号

这个月份的宝宝，开始对周围环境十分感兴趣，因而好奇心很强烈。他们经常向父母提出很多的问题，总是在问“这是什么”、“那是什么”，真是一个十足的小问号哦。

2 能说出很多常用物品的用途了

主要是指一些日常生活用品。比如，“杯子是喝水的”、“椅子是坐的”、“床是睡觉的”、“笔是写字的”等。除此之外，宝宝基本上能够控制大小便了，通常在临睡前排尿后夜里就不会尿床了。

关键期做关键事！
父母快来测测看 Test

智能自测题

宝宝能说出一些日常生活中常用物品的用途吗？

正确测试法

父母可以分别问宝宝，比如“碗”、“笔”、“板凳”等三种以上的日常生活常用物品是干什么用的，看看宝宝是否能够准确回答。

提醒一点！不要问一些宝宝比较生疏的物品，这样会影响测试的准确性。

宝宝达标了吗？

宝宝能够说出三种以上物品的用途，测试四次其中有三次达标即为合格。

Pass！
宝宝真棒！

提升智能小训练 Training
为宝宝智能飞跃发展加油！

宝宝，我们下次再买好吗？

训练妙法

带宝宝去超市买东西时，可以故意在卖儿童玩具和食物的区域停留，但不允许宝宝拿东西。

如果宝宝非赖着要拿并大哭大闹不肯走，父母要商量着和宝宝说："这些并不是我们这次计划要买的东西，下次来再买吧。"如果宝宝还是不听，不要让步，一定要坚持。待下一次来超市买东西，父母可让宝宝选择几件他喜欢的东西，并告诉他"这是我们这次计划要买的"。

Tip

可让宝宝从小学会控制自己的欲望，听从父母的计划，这对宝宝日后的人际交往智能发展很有帮助。

锅碗瓢盆交响曲!

训练妙法

给宝宝准备一些各种厨房类的玩具，父母先对宝宝说：“我们一起来做顿你喜欢吃的饭吧。”然后，就和宝宝一起把锅碗瓢盆刀等玩具摆在桌子上。父母要先给宝宝做一下演示。比如用铲子铲一些沙子放在玩具锅里，盖上锅盖些许时间，对宝宝说饭熟了，以此类推让宝宝炒菜……父母要做的就是不断下指令，让宝宝动手来完成。

Tip

这个训练可以培养宝宝学习社会角色，增进他们与人交往的智慧，同时让他们更多地了解生活知识。

宝宝智能测试问答

Q 父母是否还可以根据周围同龄的孩子发育水平来与自己的宝宝做比较，这样做出的判断有没有科学道理呢？

A 这种评价方法并不是没有道理的，父母在家里完全可以通过观察宝宝的表现、成长速度，对宝宝进行一个大致的评价。

生活中，很多父母经常评价自己孩子的智能发展水平，只不过评价的依据不是正式地通过心理测验量表，而是根据自己的经验、观察或与同龄的孩子进行比较。

这种评估方法的根据是孩子的年龄特点，不同年龄的孩子有不同的行为表现，比如大多一岁大的宝宝会有意识地叫爸爸、妈妈，也会走了。如果能够发现自己的宝宝比大多数孩子发育得早或晚，这个发现就是评价。这种与同龄儿童的横向比较是一种最常用的评价方法，这种评价方法并不是没有道理的，父母在家里完全可以通过观察孩子的表现、成长速度对自己的孩子进行评估。

Q 前几天我们给宝宝做了测试，结果显示宝宝的大运动、精细运动、适应能力、语言及社交行为的智力发展水平都提前了一个年龄段，这是否表明宝宝是智力超常的孩子？这种超常的能力怎样才能保持下去？

A 确定宝宝是否智力超常需要涉及多方面的测查才能最后判断。其中最重要的条件之一，就是要依据发育商也就是智商的测查水平。

如果宝宝在大运动、精细运动、适应能力、语言以及社交能力都比较均衡地发展，并且平均超前两至三个年龄段以上，这样孩子的发育商才能达到或超过130。若是只是提前一个年龄段，尚不能认定是智力超常。

要知道，智力超常的能力是动态发展和可变的，它与家庭是否能坚持有效培养以及进行促进训练有很大关系。

有些父母发现宝宝智力超常就沾沾自喜，放弃坚持不懈的训练，那么宝宝的发育商也有可能逐渐下降，而早期教育是促进宝宝保持高智商的最有力法宝。

在小婴儿时期由于各年龄段的间隔较短，在测查时容易出现智能超常的假象，以致发生误导。因此，对于六个月以内特别是小于三个月的婴儿，切勿轻率做出智能超常的判断。关键是要根据经常测查的结果，给予有针对性的促进训练和培养。

Q 宝宝二十四个月大了，我经常教他十以内的数字，还教他顺口唱数，可是他总是记不住，真让我着急。为什么宝宝怎么也记不住这些数字呢？该怎么教宝宝认识和理解数字？

A 宝宝认读数字和顺口唱数都是对数字的认识，但他们还不明白数字的数学含义，要继续学习点数才是真正理解了数学现象。

宝宝在一岁大的时候，会举起食指表达自己对“一”的理解，他们在两个物品中能挑出较大的那一个，还会跟着大人顺口溜出“三”或“一、二、三”，喜欢并能认出圆形等。

两岁大以后，宝宝会借助语言表达自己对数学的认识了，他们会点数五至十，还能认读一至十这几个阿拉伯数字。能实质性地理解三以内的数学含义，比如能在物品中正确拿出三个、能记住父母交代的三件事、至少认识三种几何图形、按次序套碗则能套五至九个等。

由此可见，需要结合生活实际来丰富宝宝对数学的感知，比如通过登楼梯逐渐懂得上楼需要几步，吃饭知道需要几个碗等。父母不要着急，通过这样的生活训练宝宝慢慢就会理解了。

父母亲情手记 Love Notes

___年___月___日___时　　___个月___天

测试项目	测试达标时间
大运动	___个月第___天
精细运动	___个月第___天
适应性行为	___个月第___天
语言能力	___个月第___天
社交行为	___个月第___天

亲情留言

珍藏宝宝智能成长之流金轨迹

宝宝照片

三十六个月

第八个智能飞跃发展关键期

opening

在这一关键期，引导宝宝分清早晨、中午、晚上等不同时间，认识上、下、左、右、里、外、前、后等不同方位，懂得多与少以及学会数数，学会常用物品的称谓、用途以及认识职业等对环境的适应能力更重要哦！

进一步训练宝宝建立起规律的生活习惯，增强生活自理能力，培养做事情有条理，以此提高自我服务的能力，增强宝宝的独立性。

通过双脚交替上下楼梯、赛跑、双脚跳跃、攀登、投掷等大运动，提高全身大肌肉运动的能力；通过搭积木、折纸、剪纸等精细运动，增进宝宝的手指、手腕的灵活性以及手眼脑的协调性。

大运动 Big sports
宝宝会出现哪些行为特点?

1 能跑能跳的运动小达人

宝宝是个运动小达人了，他们能够两只脚交替地跳起，还能跳能跑，并且能单脚站立两秒钟以上。知道吗？单脚负重的能力，可为宝宝日后练习自由体操、芭蕾舞、攀爬、武术打下良好的基础。除此之外，宝宝还能从仰卧位直接坐起身来。

2 宝宝能一步上一个台阶了

宝宝登楼梯的小本事有进步了！在上楼梯时不像以往那样，需要两步一个台阶，现在可以一步上一个台阶了。但在下楼时宝宝还需要两步一个台阶，不过，到最后一个台阶的时候，宝宝就能自己跳下来了哦。

关键期做关键事！
父母快来测测看 Test

智能自测题

宝宝能模仿大人做两只脚交替跳起来的动作吗？

正确测试法

父母先给宝宝演示一下两只脚怎样在原地交替跳起来的动作，然后鼓励宝宝模仿，看看宝宝能不能也这样跳起来。

提醒一点！宝宝的骨骼、关节、韧带生长发育很快，但掌握身体平衡的能力较弱，要注意鞋后帮不宜太软，以免脚在鞋里不能被很好地支撑，左右摇摆，成为脚损伤的隐患。

宝宝达标了吗？

宝宝能够模仿大人，两只脚交替跳起，跳起来的高度在五厘米以上即为合格。

Pass！
宝宝真棒！

提升智能小训练 Training
为宝宝智能飞跃发展加油！

瞧啊！我骑得有多棒

训练妙法

给宝宝一辆三轮小童车。一开始，有些宝宝不愿意练习骑车或者骑得不好，父母不妨先用一根小绳子拉着小童车，帮助宝宝用力骑起来。

经过一段时间练习，宝宝就能够独自骑着小车向前走了。这个训练可促进宝宝的身体平衡感和腿部力量，对跳跃运动有好处，还可以促进视觉与动作的协调性。

Tip

让宝宝骑车要避免运动量过大，这样会使宝宝感到劳累，降低兴趣，认为训练是一件苦差事。父母要注意观察宝宝，发现宝宝烦躁就要停止训练。

猫捉老鼠喽！

训练妙法

父母找来一只用久的袜套，里面塞上一些碎布头或棉花类东西，然后把袜口扎住。

父母先拉着“老鼠”在前面慢慢跑，让宝宝当做猫，在父母身后追。当宝宝追上来并用脚踩到“老鼠”，就算是捉到老鼠了。不过，父母在跑的时候最好注意控制一下方向，这样才会使宝宝感到好玩。猫捉“老鼠”游戏，可以很好地训练宝宝的奔跑能力。

Tip

经常巧妙利用一些情境和有趣的小故事对宝宝进行训练，会大大激发宝宝的乐趣。当宝宝踩到老鼠时，父母要马上夸奖或给个小奖品。

精细运动 Fine motor

宝宝会出现哪些行为特点?

1 宝宝能折出整齐的长方形

给宝宝一张长方形的纸，他们能将其折出整齐的长方形，这表明宝宝的小手的灵巧性不断提高，手眼协调的功能也越来越完善。注意一点，纸的边缘不要太锋利哦！

2 宝宝搭积木的水平越来越高了

如果给宝宝一些积木，他们会比原来有更大的创造力了。比如，能够用十块积木搭成“塔”，还会模仿着搭“桥”。另外，宝宝在家里进餐时还能帮助摆餐具，而且很少打碎瓷器哦。

关键期做关键事！
父母快来测测看 Test

智能自测题

宝宝能把十六开的纸折成边角整齐的长方形吗？

正确测试法

拿来一张十六开的长方形白纸，父母先给宝宝做一下演示，即将白纸的对边对齐后，把白纸折一下，折成一个边角整齐的长方形，然后让宝宝也这样做。

提醒一点！选用的白纸要注意是没有被折过的，否则可能会影响测试结果。

宝宝达标了吗？

宝宝按照大人的做法，折出的形状基本上为长方形即为合格。

Pass！
宝宝真棒！

提升智能小训练 Training
为宝宝智能飞跃发展加油！

石头—剪子—布！

训练妙法

在游戏之前，父母要先让宝宝懂得“布可以包住石头、布会被剪子铰开、石头可以砸坏剪子”之间的逻辑关系，再开始和宝宝玩游戏。在玩的过程中，要一边玩一边让宝宝学会判断什么情况下就是赢了，反之就是输了。

Tip

石头—剪子—布这个传统的游戏，对锻炼宝宝的手掌及手指的灵活性，促进逻辑思维发展很有益处。而且，也很符合小孩子的心理特点，宝宝会乐此不疲地玩这个游戏。

嘿！我的小手真有用

训练妙法

这个训练主要提升宝宝手部的功能。父母先给宝宝演示怎样做挥手再见、打电话、折纸、握手、写字、挠痒、拿某种东西等日常生活的动作，然后让宝宝根据自己所说出的口令去做相应的动作。一开始，宝宝做得不一定让父母满意，不要着急哦，给宝宝一些时间，宝宝就会越做越好。

Tip

经常对宝宝进行这一训练，对宝宝的大脑开发有诸多促进作用，如可以认知手的功能、锻炼手部的精巧动作、训练宝宝的语言表达能力以及更多地了解日常生活。

适应性 Adaptability
宝宝会出现哪些行为特点?

1 宝宝能说出两种颜色

在此之前，宝宝只认识红色，而到了这个月份，宝宝除了能够说出红色以外，还能说出另外一种颜色名称。另外，宝宝还认识好几种几何图形呢，如方形、圆形、三角形等。

2 宝宝懂得“2”的含义了

“2”是多少哦？宝宝原来一直没有太多数的概念。现在，父母给宝宝拿出一些积木，从中取出两块后，宝宝懂得是“2”的含义，对数量有一些初步的概念了。

关键期做关键事！
父母快来测测看 Test

智能自测题

宝宝能说出两种颜色的名称吗？

正确测试法

父母可以拿出红、黄、蓝、绿四种颜色的积木或物品，先给宝宝看看，然后看他们能不能说出其中两种颜色的名称。

宝宝达标了吗？

宝宝能说出两种颜色的名称即为合格。

Pass！
宝宝真棒！

提升智能小训练 Training
为宝宝智能飞跃发展加油!

红豆豆，绿豆豆

训练妙法

父母先找来一个盘子，里面装上红豆、绿豆、黄豆、黑豆等，然后让宝宝把红豆、绿豆分别捡出来，放在旁边的小盘子里。一开始，父母可以帮助宝宝挑捡其中一种豆子，等到宝宝很熟练了，就让他们自己挑捡。

提醒一点！注意看护宝宝，以免把豆子放到嘴里。

Tip

经常训练不仅可以很好地提高宝宝手指的灵巧性，还能够帮助宝宝认知多种颜色，也有助于开发右脑智能。

上上下下，左左右右！

训练妙法

父母帮助宝宝学习上下左右方位感，最好从日常生活入手。可以这样教宝宝，比如，“这本书在桌子下面，这张纸在桌子上面”、“你的积木在桌子上呢，你的小鸭子玩具掉在床底下了”；教“前后”方位概念时，可以说“哇！宝宝跑到爸爸前面了，你看，妈妈落在咱们后面了”；教“左右”方位概念时，可以说“把你的左边眼睛指给爸爸”、“我们先迈右腿走路呦”等。

Tip

生活中的机会是教会宝宝认识方位的最好教材，省力又省钱，在不知不觉中宝宝就逐渐学会认识方向了，何乐而不为呢？

语言能力 Language
宝宝会出现哪些行为特点?

1 能说出很多图片的名称了

父母向宝宝展示十八张图片，其中包括常见的人或者物品，比如嘴、树叶、菜刀、旗子、雨伞、铲子、帽子、水壶、钥匙、电话、果树、房子、飞机、脚、手、台灯、枪、船等。宝宝一般能够正确回答出其中十四张图片的名称。

2 宝宝更加能说会道了

这个月份的宝宝，会说唱一些歌谣了，越来越能说会道了，他们能够语言较为丰富、用词较为恰当地说复杂的句子或是叙述一件事情了。

关键期做关键事！
父母快来测测看 Test

智能自测题

宝宝对一些日常生活需求能够做出正确回答吗？

正确测试法

父母可以依次问宝宝“冷了该怎么办”、“累了该怎么办”、“饿了该怎么办”等一系列问题，看看宝宝能不能做出相应的正确回答。提醒一点，父母不要对宝宝进行提示。

宝宝达标了吗？

宝宝能够依次做出“穿衣”、“歇一会儿”、“吃饭”等问题进行正确回答即为合格。

Pass！
宝宝真棒！

提升智能小训练 Training
为宝宝智能飞跃发展加油!

小红帽智斗大灰狼!

训练妙法

父母和宝宝各自戴一个手偶，父母扮演“大灰狼”，宝宝扮演“小红帽”，让小红帽智斗大灰狼。

一开始，可以稍微简单些，让宝宝先记住其中的主要情节。等到表演过几次后，就要鼓励宝宝在其中插入一些另外的新变化，使故事的内容更丰富一些。如果宝宝想得太离奇，不一定非要拉回正题，可以让宝宝大胆想象。

Tip

与宝宝经常进行手偶对话，就好比话剧创作，可以随时变化，这样可以很好地增强宝宝的语言能力和想象力。

快来开锁了！

训练妙法

父母手拉着手，告诉宝宝，拉在一起的两只手就是一把“锁”，现在这把锁很难打开，你来试试吧，用这样的话来激发宝宝的好奇心和兴趣。

当宝宝做开锁动作时，父母要一起发出“咔嚓”声，并把拉在一起的两只手分开，表示锁被打开了，这样会让宝宝很兴奋，特别有成就感，因而喜欢训练。父母还可以让宝宝给锁起个名字，让他们随意发挥，比如“苹果锁”、“小狗锁”、“公主锁”……想起什么就说什么。

Tip

通过训练不仅能大大丰富宝宝的词汇量，提高语言表达力和创造能力，还能培养宝宝迎接挑战的勇气。

社交行为 Community
宝宝会出现哪些行为特点？

1 自己的事情自己做

宝宝的能力今非昔比哦，能够自己穿脱衣服，能够自己穿鞋、脱鞋。不过，宝宝还不能很好地分清楚鞋子的左右，需要别人的帮助才能穿对左右脚的鞋。除此，宝宝还能自己洗小手和小脸了。

2 宝宝能自己扣上衣服扣了

扣扣子不是一个很简单的动作，对于宝宝来说就更难一些了。然而，到了这个月份，宝宝小手让父母很惊喜哦，他们不仅自己能穿脱衣服，而且还能自己扣上衣服的扣子了。

关键期做关键事！
父母快来测测看 Test

智能自测题

宝宝能把上衣的扣子自己扣上吗？

正确测试法

父母先把宝宝上衣的扣子解开，然后鼓励他们自己把扣子扣上，观察宝宝做得怎样。可以让宝宝去扣上衣的任何一颗纽扣。

提醒一点！不要选择那些衣服扣眼过于小的上衣，以免影响测试结果的准确性，大小适宜就好。

宝宝达标了吗？

宝宝能自己扣上上衣的任何一个纽扣即为合格。

Pass！
宝宝真棒！

提升智能小训练 Training
为宝宝智能飞跃发展加油！

干手绢湿手绢，有什么不一样哦？

训练妙法

妈妈准备两块小手绢，先让宝宝将其弄湿，然后用手拧干。继而，取出家里吹头发的吹风机，让宝宝感受一下吹风机吹出来凉风和热风的不同感觉后，再分别吹两条小手绢，之后让宝宝摸摸两条手绢是否一样湿，接着以凉风和热风对着小手绢各吹三分钟，这时再让宝宝比较一下两条手绢，并可以问问宝宝，为什么衣服晒在太阳底下干得快啊？

Tip

用很具体形象的小游戏来让宝宝理解一些生活常识，会让他们觉得趣味多多，同时也会激发宝宝的好奇心，愿意多思考。

做个让人喜欢的孩子哦！

训练妙法

让宝宝在社会交往中学会礼貌待人，如早上见到人要知道问声早；平时见到人要知道问声好；爸爸妈妈上班去了要说“再见”；接受别人东西或帮助要说“谢谢”等；走到哪里，都不能随意拿或者乱翻别人的东西。

除此，鼓励宝宝把脱下的衣服叠好并摆放整齐；玩具玩完了要放回原处，不要乱扔；吃饭要安坐在餐椅上，不满桌撒饭粒；养成饭前便后洗手、饭后刷牙漱口的卫生习惯；学会自己用洗手液洗手，便后会自己擦干净屁屁；练习洗袜子、清洗小玩具以及娃娃衣服等生活自理能力；能帮助妈妈把洗好的衣物叠好，并且放在家里固定的地方。

Tip

通过这些训练，可以让宝宝懂得社会交往的基本礼节，同时培养他们做事情的条理以及锻炼生活自理的能力，为今后走向社会打下良好的基础。

宝宝智能测试问答

Q 民间的一些口诀对于判断宝宝的智能发育是否有帮助？父母们是否可以做一些参考？在家中怎样及早发现宝宝智力发育不正常的危险信号呢？

A 以下的民间育儿口诀，有助于父母判断宝宝的智能发育，而且也很便于父母掌握和对照。

一视二听三抬头，四握五抓六翻身，七坐八爬九扶站，十捏周岁独站稳。

及早发现宝宝的智能发育不正常的信号，达到早治疗，父母对宝宝进行细心观察非常重要，是其他人都代替不了的第一位作用。不同月龄常见的智能发育不正常的危险信号如下：

宝宝三个月：颈部仍软弱无力，不能自己抬头；对周围的事物没有反应，见到亲人不会笑。

宝宝六个月：双手常常紧握，双眼总看着手并且对周围的人或物没有反应，见到亲人缺少兴趣；吃东西没有咀嚼活动，常发生吞咽困难；从来不哭，总是乖乖躺着，整天睡觉，没有吃喝玩的要求。

宝宝九个月：不会翻身，也不会坐；不会抓取玩具，也不会将玩具倒手。

宝宝十二个月：不会自己爬行，不会用拇指、食指配合捏住花生米粒，也不会捏饼干渣；不会伸出食指，不会用食指指人和物，也不会扣、挖动作；常常表现出无目的的多动，注意力不集中，容易烦躁。

宝宝十八个月：不会站立，不会叫“爸爸”和“妈妈”。

宝宝二十四个月：不会独自行走，不会按照要求指出自己的眼、耳、鼻、嘴等，仍常流口水。

提示一点，在宝宝成长发育过程中，出现个别危险信号并不意味着宝宝存在智力缺陷或智力低下，但父母一定要注意，除了更细致的观察外，更重要的是及时带宝宝去医院进行更详细专业的测试。

Q 宝宝三岁了，她好像一直也分不清早上、中午、晚上，怎样培养宝宝的时间概念呢？

A 可以先培养宝宝的初步时间概念，最佳的途径可以通过生活。

比如，父母可以利用每天生活中的事情对宝宝说“宝宝，吃过早饭你就该去幼儿园了”；“中午吃过饭，爸爸妈妈该上班了”；“晚上天就会黑下来，宝宝该睡觉了”。除此之外，父母也可以经常教宝宝一些能够认识时间的儿歌，这样既可学会认识时间，还可促进语言发育。

Q 我的宝宝做智商测定，结果只达到85。作为父母我们很着急，智商主要是由什么决定的？先天的因素和后天的因素哪一个更多一些？怎样可以提高宝宝的智商水平？

A 智商水平既受先天因素的影响，也受后天环境和教育因素的影响，早期教育对于提高宝宝的智商水平具有不可替代的重要意义。

早期教育的关键是培养宝宝的各种感官能力，让眼睛多看、耳朵多听、嘴巴多说、小手多操作、小腿多运动，丰富宝宝的亲身感受，积累较多的直接经验。

同时，还可锻炼宝宝的手眼协调、手脑协调以及全身感官的协调，这将为宝宝的思维发展奠定不可缺少的基础。

但是，宝宝以上感官的活动能力特别需要父母的带动，父母要多刺激、多鼓励、多示范、多教导，这样会有效地提高宝宝的智商。英国卡尔·威特的早期教育故事，就是向人们讲述了一个出生时智力低下的婴儿如何经过科学的早期教育，成长为一个智力卓越的人才的实例。家长们不妨找来一读。

父母亲情手记 Love Notes

___年___月___日___时　　___个月___天

测试项目	测试达标时间
大运动	___个月第___天
精细运动	___个月第___天
适应性行为	___个月第___天
语言能力	___个月第___天
社交行为	___个月第___天

亲情留言

- -
- -
- -
- -
- -
- -
- -
- -
- -

珍藏宝宝智能成长之流金轨迹

宝宝照片

附录 宝宝体格发育参考指标（0~36个月）

出生时	身长	体重	头围	胸围
男孩	约46.8-53.6cm	约2.5-4.0kg	约31.8-36.3cm	约29.4-35.3cm
女孩	约46.4-52.8cm	约2.4-3.8kg	约30.9-36.1cm	约29.3-35.0cm
1个月	身长	体重	头围	胸围
男孩	约51.9-61.1cm	约3.7-6.1kg	约35.4-40.2cm	约33.7-40.9cm
女孩	约51.2-60.9cm	约3.5-5.7kg	约34.7-39.5cm	约32.9-40.1cm
2个月	身长	体重	头围	胸围
男孩	约55.3-64.9cm	约4.6-7.5kg	约37.0-42.2cm	约36.2-43.4cm
女孩	约54.2-63.4cm	约4.2-6.9kg	约36.2-41.0cm	约35.1-42.3cm
3个月	身长	体重	头围	胸围
男孩	约57.6-67.2cm	约5.2-8.3kg	约38.2-43.4cm	约37.4-45.0cm
女孩	约56.9-65.2cm	约4.8-7.6kg	约37.4-42.2cm	约36.5-42.7cm
4个月	身长	体重	头围	胸围
男孩	约59.7-69.3cm	约6.1-9.0kg	约39.6-44.4cm	约38.3-46.3cm
女孩	约58.5-67.7cm	约5.3-8.3kg	约38.5-43.3cm	约37.3-44.9cm
5个月	身长	体重	头围	胸围
男孩	约61.4-71.0cm	约6.5-9.5kg	约40.4-45.2cm	约39.2-46.8cm
女孩	约60.4-69.2cm	约5.7-8.8kg	约39.4-44.2cm	约38.1-45.7cm
6个月	身长	体重	头围	胸围
男孩	约63.4-73.8cm	约6.8-10.3kg	约41.3-46.5cm	约39.7-48.1cm
女孩	约62.0-72.0cm	约6.0-9.6kg	约40.4-45.2cm	约38.9-46.9cm
7-8个月	身长	体重	头围	胸围
男孩	约66.1-76.5cm	约7.0-11.0kg	约42.4-47.6cm	约40.7-49.1cm
女孩	约64.7-74.7cm	约6.5-10.2kg	约41.2-46.3cm	约39.7-47.7cm

9-10个月	身长	体重	头围	胸围
男孩	约68.4-79.2cm	约7.4-11.5kg	约43.8-49.0cm	约41.6-49.6cm
女孩	约67.1-77.6cm	约6.9-10.7kg	约42.1-46.9cm	约40.4-48.4cm
11-12个月	身长	体重	头围	胸围
男孩	约70.9-82.1cm	约7.8-12.0kg	约43.7-48.9cm	约42.2-50.2cm
女孩	约69.7-80.5cm	约7.2-11.3kg	约42.6-47.8cm	约41.1-49.1cm
13-15个月	身长	体重	头围	胸围
男孩	约73.4-85.0cm	约8.1-12.6kg	约44.2-49.4cm	约43.1-51.1cm
女孩	约71.9-83.9cm	约7.7-11.9kg	约43.2-48.4cm	约42.1-49.7cm
16-18个月	身长	体重	头围	胸围
男孩	约75.2-88.0cm	约8.6-13.2kg	约44.8-50.0cm	约43.8-51.8cm
女孩	约74.4-86.4cm	约8.2-12.5kg	约43.8-48.6cm	约42.7-50.7cm
19-21个月	身长	体重	头围	胸围
男孩	约78.0-90.8cm	约9.0-13.9kg	约45.2-50.4cm	约44.4-52.4cm
女孩	约76.9-89.3cm	约8.6-13.2kg	约44.3-49.1cm	约43.3-51.3cm
22-24个月	身长	体重	头围	胸围
男孩	约80.9-94.9cm	约9.7-14.8kg	约45.6-50.8cm	约45.4-53.4cm
女孩	约79.6-93.6cm	约9.2-14.1kg	约44.8-49.6cm	约44.2-52.2cm
25-30个月	身长	体重	头围	胸围
男孩	约84.3-99.1cm	约10.5-15.8kg	约46.2-51.4cm	约46.2-54.2cm
女孩	约83.1-97.5cm	约9.9-15.2kg	约45.3-50.1cm	约45.1-53.1cm
31-36个月	身长	体重	头围	胸围
男孩	约87.7-102.5cm	约10.9-17.0kg	约46.5-51.7cm	约46.7-55.1cm
女孩	约86.8-101.6cm	约10.6-16.3kg	约45.7-50.5cm	约45.8-53.8cm

轻诉

李小璐好孕40周

李小璐 著

人民东方出版传媒
東方出版社

宋丹丹

初见小璐，只觉得她漂亮得有些“过分”，一双大眼睛占了半个脸，皮肤白皙得透明，笑起来一对酒窝。后来才知道小璐是聪明善良的，诚实简单的，虽一副娇滴模样，居然能吃苦并很坚强。

姚　晨

小璐人如其名，她就像一只内心纯良的小鹿。不争不抢，安安静静，过着属于自己的小日子。上帝厚爱好女孩，赐予了她智慧，而不仅仅只是聪明。

霍思燕

有孩子的女人是天下最幸福的。小璐是我们当中体验到这种幸福的第一个。记得刚知道消息时，为她由衷祝福的同时也为她担心——这么柔弱娇小的她真的可以吗？在甜馨出生的九天前，也就是小璐生日那天，我去她家看她。纤细的身体支撑着一个大肚子，脸上也微微水肿，看得出最后几天的难挨。言谈间她总是不自主地抚摸自己的肚子，低垂的眼帘让我想起了徐志摩的《致日本女郎》：最是那一低头的温柔……但在这温柔里有坚定，有憧憬，有力量。后来甜馨出生、满月、百天……我们都见证了小璐的成长。如今我看着自己的孩子想想我的闺蜜们，追忆那些似水的年华，她们像一条温暖的溪流，静静地流淌在我的心田。

熊乃瑾

生宝宝那天，我下午赶到的，见到你，我傻了，眼泪刷刷地往下掉。你躺在病床上蜡黄惨白的小脸，虚弱的小身板被各种奇怪的医疗设备控制着，那画面至今难忘，就如老人们所说像在“鬼门关”走了一遭。只是，左手一直搂着宝宝，眼神温柔之极。你见我哭反倒安慰我，强撑着笑说没事。我让你别说话歇会儿。你却说：“我不想睡，睡着我就看不见宝宝了，看不够她呢。”我又泪奔了，感动的。这是小馨儿诞生第一天我的记忆。从那天起，你正式上岗成了辣妈。恍如隔世，那个像童话里走出来的小女孩怎么一瞬间就变成为家庭为孩子无私奉献的小主妇了呢？奇妙的人生！我喜欢现在的你勇敢、坚定、柔和。亲爱的璐：你永远都是我们心中充满着正能量的小公主，馨儿是小小公主，亮亮是王子&父皇。你们一家三口要像童话故事一样永远幸福下去。谢谢你带给我们的感动，让大家相信了爱，勇敢去爱。另外，生完宝宝后你迅速瘦身，比之前还瘦，老实交代，怎么做到的！

小美璐让我给她的新书写序，我的第一反应是问她有字数限制吗？因为想说的话太多，怕一不小心把序写成书。

认识小美璐已经快十年了，八大豪侠是我们友谊的开始，那次拍摄太冷太辛苦，把小美璐累病了住进医院。那时候我就在想，得什么样的人才能成为小美璐的守护神，一般人真不放心啊！因为在我心里她是一个极度需要安全感和保护的小公主。转眼间她也有了她的小公主，真心觉得她比我想象的要勇敢，恋爱、结婚、生甜馨儿一气呵成，给所有人一夜长大的“赶脚”，怎么都觉得我应该走在她前面的，结果竟然被她包超得很彻底……

实不相瞒，当初撮合她和亮亮还是有一定风险的，虽然对亮亮很了解，知道他是正经人家的好小孩儿，但是总觉得他俩在一起像极了过家家，包括现在我都觉得太不可思议啦，磕磕绊绊这两人真的走到了一起，真的太太太……太不容易。甜馨儿出生那天看到躺在医院病床上虚弱的小美璐，心疼地没控制住流下了眼泪，再一转头看到旁边的新手小爸爸真的好想笑，努力地假装很会抱孩子的样子让我很感动。目前我只有羡慕的份啦，不过你放心，我不会掉队太久的，目前正在追赶你的步伐。好女孩儿都会有好归宿，看到你这么幸福美满，为你高兴，真的，辛苦和付出值得啦！

真正的人生大赢家非李小璐莫属！

董　璇

是什么让你无所畏惧？是什么让你卸下公主戎装？当爱来临，你张开双臂，拥抱那仅属于你的柔软。这是你破茧而出，蜕变成完美女人的全过程，永远爱你，瘦弱且坚强的小女人！

秦　岚

当我第一次听说小璐要出书的时候，其实我是反对的。我不觉得每个人都要出一本自己的自传，也不想让大家觉得我和小璐，像跟风一样也要写书。可当我知道这本书的内容的时候，我觉得这不是一本自传，而是每一个女人都应该去经历的事情。

希望通过这本书可以和大家去分享我们恋爱、结婚和孕期的整个过程，分享我们这种幸福和喜悦的心情，也希望能让老婆正在孕期或者准备怀孕的男人们，知道自己的老婆即将经历什么，有多么不容易。

每个人都会创造一些奇迹，当你抱上这个孩子，你会觉得这些经历本身就是奇迹。

贾乃亮

（以上按照来稿时间排序）

谨以此书献给所有同时代的兄弟姐妹们，

献给所有踏入或即将踏入婚姻殿堂的朋友们，

献给所有负责任的年轻父母们，

献给我们尊敬的父辈母辈，

献给生命里那些最重要、最可爱的人们！

目录 CONTENTS

初见

如果说生命是一段旅程，那么，在缘分的牵引下，我找到了陪我一起看人生风景的那个人。

贾乃亮是闺蜜董璇无意安排的一次火锅晚餐中相识的，我无意地参加了朋友的聚餐，无意中遇见了穿着白衬衫的他，无意中……冥冥之中，缘分开始了。

当时我并没有注意到有一双眼睛一直在默默地注视着我，A型血的我比较慢熟，而且不太好意思主动和人打招呼，饭吃到一半，才发现自己还没有和桌上的所有人说话。刚好看到这个男生的手机很好看，就问：“你的手机很好看，是新款吗？像素高吗？”于是他马上说：“还不错，我给你拍一张吧。”拿起手机来就给我拍照，我都有点不好意思了。所以，在他的手机里，我的第一张照片特别羞涩。

HELLO KITTY © '76, '09 SANRIO Ⓗ

后来他才对我讲，给我看手机时自己的手莫名其妙地发抖，差点把手机掉火锅里。至今他都认为那张照片是他给我拍的最好看的照片。老实说，当时我还觉得这帅哥有点太主动了。

我以前喜欢打耳洞，他也打了十几个耳洞，有的打在耳垂上，有的打在耳骨上。还高兴地跟我说，自己特别喜欢，特别想打。直到化脓了才老实交代，打耳洞是为了引起我的注意，其实他的耳洞特别疼。

有一天他说：“小璐，我特别想送你一件衣服。”我想了想：“那……就买一件‘北京’吧。”他摸不着头脑了。我笑着解释：“就是鼓楼那儿卖的几十块钱的那种，胸前写着‘中国’、写着‘北京’之类的……你给我买一件‘北京’吧，我想要‘北京’。”

他果真去买了，可也奇怪，那天跑遍了鼓楼的大街小巷怎么也买不到“北京”，只买到一件“友谊”。这让他沮丧极了，我扑哧一声乐了：“好，那就友谊吧，友谊万岁！”那是他第一次给我买衣服。

还有一次我出去逛街，他知道后要和我一起去。在商场里看到一件好看的羽绒服，就在镜子前试穿了一下，脱下来一看价签一万六，想想还是算了，把衣服放了回去。

没想到转身去别家店的间隙里，他偷偷返回去买下了那件羽绒服。过了很久，直到正式谈恋爱时，我才知道，那个时候他只有三万块钱了，给我买衣服花了他一大半。买完衣服后他口袋里所剩无几，直接去了一个特别苦的地方拍戏赚钱。

Ed Hardy

回想起当时他的毫不犹豫，我非常感动，看一个男人不是看他多有钱，而是看他舍得为你付出他所有的多少。

但实际上到正式交往，中间还是花了一年多的时间。对于帅哥、对于同是演员，我确实有一种不太安全的感觉，这样的自我保护意识，也让他受了不少苦。一年多之后，我俩的感觉又回来了，我想约爸爸妈妈一起吃饭，那时爸爸妈妈已经知道了他为我做的等待和付出的一切。当时他穿得很正式，为了见我爸爸还特意买了一瓶白酒，结果餐桌上先把自己给灌醉了。然后开始掉眼泪，他坐在那里，脸上没有任何表情，眼泪不停地掉，就像断了线的珠子一样，怎么都止不住。我都不知道该怎么办才好，爸爸妈妈开始轮番批评我。刚开始认识时，他花很多时间让我感受他的真心，但那个时候他可能真的绷不住了。后来，连爸爸都打电话对他说："亮亮，我支持你，你去追求小璐吧。"其实，爸爸对我所有的男性朋友都特别挑剔。

经历了风风雨雨很多事情，我终于明白了，为什么要这么拧呢，为什么有幸福不去追求呢，不论发生什么事情，依然在我身边，默默地陪着我、支持我、聆听我的人，才是值得我依靠的人，这样一个愿意努力工作给我幸福的男人才是一个真正爱我的男人。

抱着被拒绝的态度，我给他打了电话。我说："亮亮，我想好了，也准备好了，我希望我们的感情能让我得到幸福，也能让你得到幸福。如果你还能敞开心扉，如果你还能像以前那样爱我的话，你可以考虑一下。我已经准备好了。"挂了电话，我忐忑不安，我想他会说："对不起，我坚持不了了。"可是没想到，他同意了。

恋　曲

2012年我在拍《时光恋人》，初在重庆，后又转战上海。上海的冬天湿度很大，又有很大的海风，冷到骨子里去了。阳光瑟缩着，原本绿黄色的树枝也只剩下了枝丫，一切变得瑟缩，我的戏也拍得很苦。

那个时候我们在不同的城市拍戏，我拍戏紧张，他也不轻松，每次他说来看我，都让我充满了期待和盼望，可临到头来，他又总是说：“璐璐，对不起，这边临时有事，去不了了。”最后都没有办法成行，我的心情也随之起起伏伏。

其实我也知道他工作忙，并不是不理解他，可有时还是控制不了自己的情绪，失落、郁闷。拍这个戏的时候我们总是吵架，可能我们彼此太想念对方了，我们需要对方的关怀、安慰，却又无法得到，真正见面时又不免把自己的委屈、想念、纠结一股脑发泄出来。

不管怎么说，频繁的吵架还是挺让人伤心的，那段时间白天拍戏非常辛苦，晚上还是翻来覆去睡不着。有时候躺在床上，戴上耳机想听音乐，舒缓一下各种压力，也许是夜晚太静谧了，越是想放松，却越发感到牵挂、揪心。

想着想着眼泪总是不由自主地流下来，顺着眼角流到嘴里，流到耳朵里，虽然塞着耳机，泪水仍然无孔不入地流进去，泛滥在耳窝里。直到耳机滑脱，才起身去找纸巾。

那时候我真的体会到了爱情的刻骨铭心。

有些朋友可能觉得演员的生活五光十色、珠光宝气，他们对待爱情的态度和普通人肯定是不一样的。其实，演员也是有感情的，因为经常饰演各种角色，或许与普通人相比，感情还会更加细腻、丰富。对于人生的各种赐予，包括感情，同样有感受、有体会、有快乐、也有烦恼。

莎翁曾说："爱情是幸福的，然而又是痛苦的。" 虽然我从前大大咧咧的，这时也感到此言的确不虚。

经历这些之后，才知道筷子的比喻是多么形象，一对爱侣就像一双筷子，每一天的酸甜苦辣他们都一起去品尝，其中的感觉、滋味也只有他们自己知道。

2月13号那天我问他："明天就是情人节了，你来看我吗？我要一个人孤孤单单地过情人节吗？"他当时正在北京赶戏，我拍戏的地方又离上海市区特别远，坐飞机过来后还需要倒车，又花很多时间，他为难地说："小璐，我去不了了，时间太赶了……"

说着说着，我们又开始闹别扭，我就赌气说："既然这样，我们这段时间就别联系了，我们都需要冷静！"挂完电话我觉得我们就要分手了，更加伤感。

第二天就是情人节。

那天天气格外阴郁、寒冷，还下着雨，我觉得自己从外到里都潮湿了，有一种摆脱不了的压抑。身边一起拍戏的人都一个个有人陪着。

我逼着自己全神贯注地投入拍戏，到了中午吃饭的时候，还是忍不住坐在车里哭了。这时导演走过来，看到我把妆都哭花了，就问我怎么了，我说我要和男朋友分手了。

导演一听赶紧安慰我，但我还是止不住地流泪。正哭着，突然看到一个人的脑袋隐隐约约顶在车窗前，因为下雨车窗都被雨水打湿了，又是雾气又是雨水，看不太清楚是谁，把我吓了一跳。

还没等我反应过来，导演叫道："天哪！小璐啊，快出来，亮亮怎么来了？"当时我就傻了。

导演赶紧开车门，对他说："亮亮，快来快来，正好安慰小璐呢，快来看看小璐，都哭成泪人了。"

接着就看见一大把鲜花和巧克力钻进了车里，再接着，贾乃亮的脸出现了。我哇的一声哭得更厉害了，这次是喜极而泣。

导演看我们又和好了，笑着离开了，临走前还说了句："小璐，下午不拍了！"后来想想，这样一个难得的情人节还是我用眼泪换来的呢！

磨合、分离，虽然难熬，但终于挺过去了。经历了这些事情，我们更加认定了彼此，了解了自己发自心灵深处的爱情、不舍和真心。接下来，我们开始向着一个目标奔去，那就是长相厮守。

时光终于成就了我们这对恋人。

于是，我们打算把结婚的事情定下来。

巴黎秀

2012年3月，我赴巴黎秋冬时装周参加了Christian Dior、Jean Paul Gaultier、Shiatzy Chen和Elie Saab的发布秀。

那是我第一次去巴黎时装周，所以准备了很多自己喜欢的衣服、鞋子、包包和饰品。一方面，希望能够恰到好处地展示出自己的品味和气质，另一方面，也是抱着学习和提高的目的。

在参加Christian Dior秀前，大家都给我出主意，一致认为我的首秀应该博眼球、博出位，这和我当时的想法并不太一样，但是作为一个演员，我选择了信任和支持团队，所以听从了大家的意见。

那天造型师专门为我打造了一款称之为“太阳女神”的发型，花费了近两小时才完成，妆容、耳饰、戒指、鞋子也精心选取了与之配合的款式。

在选择服装时，有几套皮草真的很好看，可是我不穿皮草已经很久了，在环保方面我选择了坚持。于是，冒着严寒，我穿着单薄的裙装出场了，硬是被巴黎冷飕飕的风吹了整整一个下午。

结束一天的工作回到房间，很想了解一下外界的反馈。没想到网络上对我的表现褒贬不一，一些网友和媒体的发言更是充满了讥笑和冷嘲热讽，我满心的期待降到了冰点。我的身体早已被寒风吹透，看到这些否定的评价，心里也瞬间拔凉拔凉。

从小就要强而且一路坦途走来，付出的很多，的确没想到会是这样的结果，我的自信心和自尊心受到了很大打击。当时发出的一条微博记录下了我的心情："夜晚的巴黎，卢浮宫的魅力、埃菲尔铁塔的宁静、塞纳河的水畔，一切如痴如醉，即便有乌云飘过，还是会看见一轮美丽的月亮坚韧地挂在天上，明亮亮的。好想回到宁静的日子，淡淡的。"

带着沮丧和低落，我把事情告诉了丹丹姐。丹丹姐就是著名演员宋丹丹，我们关系特别好。就像人们印象中那样，她是一个很热情、开朗、善良、豁达的人。对于我来说，她更像知心大姐姐一样，我愿意把自己遇到的所有事情都向她倾诉。

丹丹姐知道了我的失落后，开始安慰鼓励我，叫我不要太放在心上，她说："等到三十年之后，你再回头看看自己的今天，你依然是最美丽的，而且到时候，你更会感谢自己今天的付出和努力，说不定还会感谢这一切带给你的成长。"听了丹丹姐的话，我释然了很多。

于是，我决定抛弃所有的失落与沮丧，既然来了，就虚心学习，好好表现，认真应对每一场活动。就这样，一路走了过来，从巴黎又到美国。

怀孕

很多人都说孩子是上天赐给你的礼物，好吧，在没有任何思想准备的情况下，我，怀上了上天赐给我们的礼物。那是在巴黎冬天的结尾，当春天悄悄来临的时候，我们的小种子也开始萌芽了。时装周的最后两天，伴着工作的压力和怀疑自己周期推迟的焦虑，冥冥中有一种特殊的感应在梦中出现了，很紧张，却又很亲切。

于是，抛开工作回到美国旧金山的家时，第一件事就是买了盒从来不用的小棒。带着它，怀着忐忑的心情回家了。本来想睡醒了再说，可是好奇心害死猫，我这个夜猫子还是半夜鬼鬼祟祟地溜进洗手间开始研究起来。费了半天劲儿，又是读说明书又是测试又是观察，小棒上开始有反应了，一条红线慢慢出来，我屏住呼吸等待，许久，又一条粉色的线用慢了一倍的速度缓缓出现了。好像在挑战我的好奇心，这一条红一条粉确实把我弄昏了方向，到底是什么意思呢？

于是拨通了长途电话，我和这个白羊座愣头青一起分析起来。他是各种上网查啊，我是各种等啊，一会儿他说不是，一会儿又说是，我这个小心脏啊，是一会儿高一会儿低地忽悠着……

到了夜里，我躺在床上翻来覆去睡不着，还是惦记着结果，就起来又溜到卫生间用了第二支小棒。

和上一支的判断方法不同，这支是看勾和叉，也就是yes和no。测完以后，一下子跳出来一个yes，要多干脆有多干脆！

啊？！真的怀孕了？没有丝毫的思想准备，又是激动，又是害怕，又是惊喜，我都感到自己开始打哆嗦！

从来没有经历过这种事情，我躺在床上，翻来覆去睡不着，大脑极度兴奋，没有一点点想要入睡的意思，无数个想法在脑袋里飘来飘去，我开始幻想孩子的出生、长大，甚至连将来上大学的事儿都想了一遍。那种感觉真是终生难忘。

没想到就是2月14日情人节的那次探班，让我们有了爱情的结晶，我们的天使降临了。虽然来得很突然，可是我们喜欢这个孩子。我想以后每年的情人节我们都会感到分外甜蜜和感恩。

想到这些，我一骨碌爬起来给亮亮打电话！

这边是夜里，他那边是下午，接电话时，他正在片场，是一场戏的间隙。据说他当时站在摆灯的地方，咬着嘴唇，拿着电话，一动不动，自己傻乐。

我们兴奋地说了很多，现在都想不起来当时嘀嘀咕咕些什么了，只记得他长舒了一口气说：“璐璐，你现在终于是我的人了！我的心可算踏实啦！”

过 关

通完电话以后，又想起一件事儿：怀孕这事，可怎么和爸爸说？

妈妈想必还能接受，但爸爸向来非常传统，从小到大对我要求都很严格，以前连谈恋爱都不允许，何况是怀孕呢？而且那段时间他的身体不是很好，特别容易激动、头晕。我很紧张，不敢亲自对爸爸讲自己怀孕了。

我想这件事还得求助于妈妈，让妈妈出面，就和妈妈撒娇："你告诉我爸以后，如果他情绪不好，你就不要告诉我了；要是我爸挺高兴或者情绪稳定，你再告诉我。"然后就像做了错事的孩子一样躲起来等别人发现。

后来妈妈告诉我，爸爸得到这个消息后还算镇定，只是半天没吱声，他一定也是千头万绪吧。

其实，那时候爸爸已经知道我和亮亮的感情很踏实了，大概也觉得这是早晚的事儿，只是没有想到会那么早。

作为严父，想得更多的是我的事业，他说："小璐，爸爸也很想让你休息，可是接下来你必须得先拍部戏。"他给我分析："你看，去年你拍了四部戏，今年出镜率很高，是一个事业的上升期。可是现在怀孕了，如果怀孕期间停止工作的话，就等于接下来的一年内屏幕上你的作品会很少，这样对你不利啊！爸爸还是希望这个时期你再巩固一下已有的成绩，有点事业的积累。"我知道爸爸是从大局出发为我着想，于是想都没想满口答应下来了。

谁也没料到第二天我就有了早孕反应。

很快开始吃不下饭，开始孕吐，浑身无力，坚持着终于回到了北京。

回到北京以后，是否继续接戏，必须要做出一个选择。之前有位制片人特别想让我上一个戏，我也口头答应了，可现在，到底拍还是不拍呢？按照目前的身体状况，确实什么都不想干了，早孕反应一天比一天严重，头一圈圈地发晕，连电视都看不了。

我特别犹豫，有点想放弃了。不断地做思想斗争，内心想去拍，身体上又不想拍，而且觉得之前都答应人家了，现在说不接了实在有些过意不去，矛盾极了。

爸爸还是劝我坚持。亮亮看到我这么纠结，也给出主意，要不然你先去拍，实在坚持不了再放弃也没关系。于是，我去试了装，接下了这部戏。

拍了第一天，第二天我就起不来床了。实在是太累了！

那段时间本来反应就特别严重，别说吃饭了，喝进去的水都能全部吐出来，坐车也在哇哇直吐，何况前一天拍了九个小时的戏，我感到自己真的要虚脱了。

躺在床上，我又开始思想斗争，身体这么敏感，这部戏还要好几个月，万一拍到中途坚持不下去了，剧组还得重新找演员，会给大家添很大麻烦，还是尽早和对方说清楚比较好。于是就把自己的情况老老实实讲了，对方也很理解，我们很友好地解除了合同，我退回了订金。

最感动的求婚

可能每个女孩都会做梦，在世界的某个地方，有位男子手捧鲜花单膝跪下，请求她嫁给他，做他美丽的新娘，承诺一生守护她，给她幸福。亮亮的求婚仪式给了我太多的感动，现在回想起来都像是在做梦，那么甜蜜，那么紧张而又幸福，可又那么真实，如同昨天发生的一样。为了那场特别的求婚，亮亮真的是花费了很多心思。

推掉所有的工作，我开始在家安胎了。亮亮总是给我的好姐妹甘薇、小熊、秦岚打电话，他们神神秘秘的样子真令人纳闷。可是我已经没有精力顾及这么多了，孕期反应让我整天昏昏欲睡。

2012年3月31日的晚上，第二届乐视影视盛典颁奖典礼在北京国家会议中心举行，我和亮亮应邀一起参加。

碰到的姐妹们都在朝我挤眉弄眼地嘿嘿笑，我心里觉得怪怪的，不禁犯起了嘀咕：

“姐妹们不会要搞什么恶作剧吧！是不是要拿我俩开涮？”

听到主持人宣布：“内地电视剧最受欢迎的演员：贾乃亮、李小璐。璐璐、亮亮，请上台领奖……”作为一名演员我特别开心，而且能够和恋人一同走上颁奖礼璀璨的舞台，这是对我们的一种莫大肯定。

应采儿、甘薇、刘芸、熊乃瑾一起上台给我们颁奖，我发表完获奖感言后，轮到亮亮了，和平时大大方方的表现不同，他好像很紧张，还有点结巴，我有点担心。“嗯，”他清清嗓子，“在这里，感谢观众朋友对我的鼓励，看到自己的付出和努力被大家所喜欢，为大家所认可，我心里特别地感激，感谢我的粉丝们。”下面有粉丝开始兴奋地喊他的名字。他讲完后，我终于踏实了。

没想到这时他话锋一转：“今天借此机会，想在台上做一件事情。”下面又开始骚

动，有人在尖叫，甘薇走过来准备把我手里的奖杯拿走，我觉得接下来有什么事情要发生了，脸滚烫滚烫的，身体也僵了，又害怕又害羞，抱着奖杯不让她拿，躲了她一下，最后还是被她拿走了。

接着她又招呼杨幂、佟丽娅、霍思燕都到舞台中央见证这一刻，我被大家推到了舞台的中央。看见对面的亮亮嘴角都在抽动，那样子有些滑稽。我想笑，又想哭。

甘薇让他深呼吸，酝酿一下，别紧张。他的嘴角还在抽动：“今天晚上对我来说特别重要，我和小璐从相识到相恋，今天已经三年多了，一千二百七十天，这份感情已经被许多朋友所祝福。我衷心向大家说一句，谢谢。”停顿了一下：“我今天鼓起勇气站在台上，就是想完成心中最大的一个心愿。我恳请在座的各位来宾，各位前辈为我加油打气，为我见证这一刻。”台下又开始尖叫了，他拿着话筒的手也在发抖，顿了一下，又继续道：“小璐，遇见你，是我一生中最幸福的事，我会用自己的生命去保护你，不会让你受到任何欺负，我会靠自己的努力让你一辈子过得幸福。”说着，从西服里面的兜里掏出一个小盒子，打开小盒，拿出一枚戒指，他单膝跪下了，我已经抑制不住内心的激动，想要流泪了，他做了一个深呼吸，放大声音，开始颤抖地喊：“小璐，给我一个机会，让我照顾你一辈子，你愿意嫁给我吗？”他喊完了，依然单膝跪在那里，抬着头，直勾勾地望着我，等待我的答复，他已泪流满面，脸上的肌肉在抖动，喉结一起一伏，看得出他在使劲压制着自己的颤抖。我再也抑制不住自己了，眼泪夺眶而出。

亮亮一直是个挺腼腆的人，真没想到他会在这么多人的场合下做出这么大胆的举动，说出这么多动情的话，看着单膝跪地的他一脸盼望，看着台下坐着的张国立、邓婕等各位老师都在给我们鼓掌、加油，看着台上七位热泪盈眶的好姐妹，还有那么多为我们加油的观众，我周身都被巨大的幸福包围、融化了。

第二届

后来甘薇告诉我，半个多月前亮亮就找到她，请她帮忙策划一个求婚方案。她一听说要跟我求婚，“腾”的一下就站起来了，兴奋地大喊大叫，亮亮还训她：“喊什么喊，冷静点！”甘薇拿着电话特别激动地说：“亮亮，你说吧，要我做什么？”

亮亮刚开始的想法是在街上求婚或者来个极限运动求婚，比如跳伞之类。甘薇觉得这些都太不靠谱了，还打趣他：“你在街上还没开始，人们就把你们给围起来了；你跳伞，万一没跳准，多尴尬呀……”她跟我说这些的时候，我肚皮都要笑破了。

最后“浪漫、梦幻”是甘薇想到的最适合我的求婚方式，因为她觉得我是我们姐妹当中最有公主感觉的女孩。

在甘薇的出谋划策下，亮亮想到了在“乐视影视盛典”上求婚，他特别认真地对甘薇说：“我觉得每一个女孩心中都有一个自己认为最浪漫的求婚，对吧？不在乎形式大小，只在乎男人胆子大小。我觉得我不是证明我要做多大的求婚场面，这不是最重要的，最重要的是我敢。我这么胆小的人，我如果可以在那么多前辈、那么多朋友面前向小璐求婚，至少证明了我的勇气和我对她坚贞不渝的爱情。而且等我们的孩子长大后，也能通过视频了解，爸爸当年是怎么向妈妈求婚的。”

为了求婚告白，亮亮在下面练了好多好多次，而且一直在改词，他想词一定要简练，别太影响到活动，要精简、再精简，毕竟这是颁奖典礼，不能喧宾夺主，但是还得把内容表达明白，要能感动我，给我惊喜。

上台前，他有点发憷，毕竟心里有这么大的事呢！看到舞台下有香槟，拿起来喝了好几杯。酒壮英雄胆，喝完就上台了。

下台以后，亮亮擦了把汗说："哎呀，背的词都忘了，跪在台上从头麻到脚。现在终于体会到了当年地下党是怎么严格保密的，秘密行动多不容易！头等难事就是让你那几个兴奋的姐妹忍着别泄密给你！"

我问他："你怎么知道我手指的尺寸？"他夸耀地说："我多有本事啊，我先从你的戒指中偷了一枚，拿到做钻戒的地方去量。谁知量完以后，我一激动把尺寸给忘了，然后又偷了一次。你没在左手无名指上戴过戒指，那个尺寸也不一定合适，最后靠的还不是我的留心观察和敏锐的眼力，哈哈哈！"

一定！爱你璇！咱们姐妹要见证彼此一辈子所有的幸福！//@董璇：一路走来真的不容易，这回我踏实啦，放心啦，脑子里全是你美美的穿着婚纱的样子，别让我等太久啊！记得给我买猪头

@李小璐Super璐

从小到大爸爸妈妈教导我做个善良的人，今天，我得到了老天的眷顾，把他留在我的生命里。在场的每一位朋友姐妹，谢谢你们在我们的身边，谢谢每一位送来祝福的人们，小璐现在好幸福，不管未来的路多难走，我都会陪伴他努力走下去，默然，相爱，寂静，欢喜……

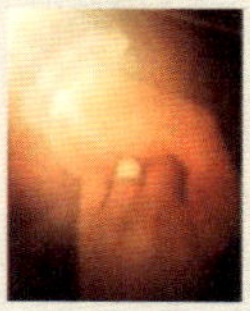

2012-3-31 23:00 来自iPhone客户端 (53) | 转发(58505) | 评论(1366)

2012-4-1 00:04 来自iPad客户端 | 转发(208) | 收藏 | 评论(7)

大媒人，感谢你，没有你我不会遇到璐璐，璇，谢谢了！//@董璇:哎呀！这不是在过家家！不是！！！我这个介绍人好激动啊，恭喜小美璐和小亮亮！好女孩儿都有好归宿

@贾乃亮

求婚成功了，李小璐我爱你，我会一辈子对你好！感谢所有支持我们的朋友！

2012-3-31 20:50 来自iPhone客户端 (99) | 转发(74786) | 评论(1718)

2012-3-31 21:54 来自新浪微博手机版 (2) | 转发(204) | 收藏 | 评论(6)

我太感动了，眼泪怎么都止不住，亮亮紧紧握着我的手说："小璐，你幸福吗？求婚前的十几天，我就开始紧张到睡不着觉、吃不下饭了。我想给你一个最难忘、最浪漫的求婚！"

亮亮，我特别特别幸福，谢谢你，我的爱人！

最靠谱的伴娘

婚礼上，伴娘团身穿浅蓝色的礼服，特别引人注目，有的媒体开玩笑说，“李小璐婚礼，伴娘团‘亮’了”，有的说，我的伴娘团是“阵容最豪华”的伴娘团，其实我更想让大家知道的是，我的伴娘团被婚庆公司称为“史上最靠谱的伴娘团”。

早上六点半，秦岚、霍思燕、熊乃瑾、甘薇、肖雨雨、郭真她们已经全部到齐了，没有一个人晚到一点点，可能拍戏都没有那么准时、走红毯都没有那么准时吧。

大家一点儿困意都没有，每个人都手舞足蹈，从里到外都透着喜庆。

穿上嫁衣的人，总是特别容易感动，泪腺也特别发达。

董璇是我和亮亮的牵线红娘，我特别希望她能到场，她也很想为我祝福。可是那段时间她身体不太好，需要做手术。我们通电话的时候，她说去不了了，哭得很伤心，我安慰她，她也安慰我，我在电话的这头哭，她在电话的那头哭。

结果，思想斗争了一晚上，第二天她还是忍着身体的不适飞了过来。一见面，我们又激动到落泪，心情很久不能平复。

那一天，不知道接受了多少人的祝福和拥抱。上场前，姐妹们又一个劲儿地祝福和拥抱我，我流下了很多幸福和感动的眼泪，她们也一个个哭了，我们抱在一起哭。

这么几个女孩，上天不仅赐予了她们美貌，还赐予了她们智慧、善良和坚强。她们纤弱，却都独自撑着一片天空。

在我的心里，她们常常让我感动，她们是我真正能够交心、为我好的朋友。一路走来我们互相倾诉、互相鼓励、互相分担，更互相分享！

她们是我这一生最值得珍惜的朋友！

梦幻的婚礼

从前，我像一朵云，飘来飘去，没有安全感。

自从你出现在我的生命里，我变成了一粒种子，深埋在土壤里，生根发芽。

你像阳光一样，给我温暖，给我快乐，让我尝到了爱情的滋味，让我感受到幸福也是这么触手可及。

我已经穿好了婚纱，喜庆与忙乱中，时间过得飞快。

我有些担心爸爸，担心他在台上发言时情绪激动，对心脏不好。我问他："有没有带速效救心丸？"爸爸特别可爱地胸有成竹地拍拍胸脯说："带了。在这儿呢！"还不忘说："我那两句词儿，背了有两个多月了。"

音乐响起，我挽着爸爸的胳膊缓缓步入礼堂，这种似曾熟悉的感觉让我感慨万千，往事一幕幕浮现在脑海里。

当我还是一个蹦蹦跳跳的小女孩的时候，爸爸也像现在这样，牵着我，走在路上，我好奇地抬起头问他各种问题。那会儿，在我看来爸爸那么高大，他可以解决我世界中所有的疑惑。不知不觉的，我长到了他的腰部，又长到了他的肩膀，我不再需要仰视才能看到他的眼睛，我长大了，要嫁人了……爸爸的头发已经开始发白，身体也没有以前那么好了……

真希望这条路没有尽头，我就这样挽着他慢慢地走，我的眼泪又一次开始打转。

妈妈为我掀起纯白的面纱，那一刻，我看到了她饱含着泪水的眼睛，妈妈的眼睛是世界上最美的眼睛，一闪一闪，从她的眼睛里，我看到了欣慰，看到了希望，也看到了祝福……

爸爸领着我一步一步走向我的新郎，那个我即将托付终身的男人。

然后把我的手交到他的手里："亮亮，在今天这个神圣、浪漫而又温馨的时刻，我把我的宝贝女儿璐璐托付给你。在这里，我衷心地祝福你们，今生今世，相敬相爱，永远幸福快乐！"

后来爸爸说，他下台前向大家挥手的时候，老同志们全都哭了。那时候特别有一种英雄退伍的感觉，如同胸戴大红花一般光荣，大家都在敲锣打鼓地祝贺他前半生的任务胜利完成。我们忍不住大笑起来。

《婚礼进行曲》响起，我们终于在家人的见证下、亲朋好友的祝福声中携手步入了婚姻的神圣殿堂。

亲爱的，我愿意给你我一辈子的幸福，陪你看沿途的风景，品尝人生的酸甜苦辣。

从此以后，我们成为彼此生命中最重要的另一半，你的家人就是我的家人，我的家人就是你的家人。

没有过多华丽的语言去装饰，只有一句话：希望我们能够一辈子幸福地在一起。

难熬的孕吐

喧嚣之后，我的世界突然安静了。那段时光对我来说，什么都不再重要，每天吹着悠然的风，抚摸着肚子里的孩子，憧憬着幸福的未来。这个小生命就是我的全部，我拥有着她，就拥有着全世界的幸福。

只有孕吐在折磨着我。可能是体质的原因，我每天起床必吐，干什么都发晕，提不起劲儿，连看电视都感到阵阵眩晕。吃饭时，也都是趴在饭桌上，身体很虚弱。

不知道为什么，每天早上睁开眼睛后，我都会一个人到楼下坐一段时间。

记得天气总是很晴朗，也很凉爽，就算坐到中午，太阳也不是很热。

那时候《金太郎的幸福生活》和《AA制生活》都已经拍完了，既没有什么压力，也没有什么工作必须去做。

亮亮看我每天难受，心里很不舒服。但也帮不上什么忙，只能尽可能地关心我。

生活中，他是一个特别阳光的人，以前经常冷不丁地讲个笑话，笑得我前仰后合。怀孕的时候，只要他没事就陪着我，陪我聊天，逗我开心，但还得收着点，生怕我笑岔气出事。

有天他扶着我吐，吐完了，他眨眨眼说："你这山呼海啸的，是不是男孩啊？我们家孩子淘，我这基因在那儿呢！也真怪，你本身体质就弱，怎么怀那么大一个宝宝啊？我真佩服你啊！"

这么吐也不是办法呀，我怕伤着孩子，就拼命地看书，翻阅了好几本怀孕方面的书。还打电话给朋友，听她们的建议。

孕中给我最多指导的朋友是关悦和殷旭。她们俩叮嘱了我好多孕期注意事项，告诉我怀孕后一定要早睡早起，这样对胎儿好。最好晚

上十点左右入睡，早上七点左右起床，调节好生物钟。

后来通过她们，找到了我的产科医生，当时什么事我都会求教于她。她告诉我妊娠早期，要从饮食上注意，不能过早地食用一些油腻的东西，应该多吃一些清淡好消化的食物，才能减轻孕吐。而且要少食多餐，喝水也要少量多次地喝。如果喝不下白水，就喝苏打水，但是不能喝饮料。

那会儿特别爱吃酸，大酸葡萄把我的牙齿一颗颗都酸倒了，可还是想吃。还特别爱吃西红柿，每天都吃，西红柿让我觉得开胃。早晚还会坚持喝牛奶。妈妈说，她怀我的时候，也特别爱吃酸葡萄和西红柿。这方面我们母女倒是挺一致的。

张庭姐说："吃大葡萄吧，宝宝眼睛大；吃西红柿吧，宝宝白里透红；你还得吃珍珠粉，宝宝皮肤就像你一样白。"

吃饭都是吃一口吐一口，就算这样，为了孩子能获取点营养，也要使劲闭着眼睛吃。特别恶心难受的时候，就打电话给医生，我说："大夫，我已经快坚持不住了，什么时候孕吐才能过去？"

她每次都自信满满地告诉我："就这两天了，快了，快了！某一天睁开眼睛，你会发现什么呕吐的感觉都没有啦。"

我不相信，现在这么难受，怎么可能呢？

果不其然，熬过了头三个月，孕吐的症状真的减轻了，胃口也逐渐好起来了。

Don't forget!

妊娠以后，孕妈咪体内的绒毛膜促性腺激素增高，会引起消化道的不适反应。

绝大部分人孕吐都属于正常范围，有少部分人因为反应比较重，会出现频繁地恶心呕吐，这样会影响到进食，造成能量摄入不够，就会燃烧体内的脂肪，这样身体会释放一些酸性的物质，临床上叫酸中毒，能引起体内代谢紊乱，影响孕妈咪和胎儿的健康。

如果妊娠呕吐比较严重，就要去医院检查，如果有酸中毒的情况，需要输液治疗，纠正代谢紊乱。

产前检查

小种子在我的体内迅速地生长着。

可爱的家人们知道我怀孕后，个个都没闲着，各尽所能地关怀着我。

电视机、电磁炉、微波炉、电脑、手机都有电磁辐射，不让我靠近。还帮我买了防辐射服，让每天穿着。好多孕妈咪工作离不开电脑，建议大家连续工作一小时就起来活动一下。一天连续工作不要超过八小时，一周不超过四十个小时。平时还应该注意保持空气流通，多吃西红柿、黑木耳、猕猴桃、橘子等防辐射的食物。

在家人的提醒下，我换掉了平时使用的护肤品，全部换上适合孕妇的护肤品。而且不再化妆，基本上素面朝天，除非参加活动，才会化妆，使用化妆品也会特别注意成分的安全，活动结束后就会马上卸妆。

医生建议我在妊娠的12周开始第一次产前检查。产检时不仅要检查产科的问题，还应该检查全身的健康状况，如心肺、肝肾、感染状况等。因为妊娠过程中，全身各个脏器都要发生相应的变化，所以医生建议的项目，我全部检查了。

每次产检，只要亮亮没有工作，就一定陪着我。医生问过我们想不想做四维彩超，能够比较清楚地看清宝宝的样子，我们没有做，还是希望把惊喜留到最后。

有段时间亮亮去拍戏了，每天的见面只能依靠视频通话。婆婆接过接力棒陪伴我去医院做产检。

产检一共有十次，印象最深刻的是做糖耐喝的糖水。那简直就是世界上最难喝的水，现在想起来都害怕，太难喝了！

平生从没一次性喝过那么甜的糖水，喝几口胃里就开始翻江倒海了，脸上表情各种复杂，医生马上讲："不能吐啊！吐了还得重来！"我只好硬着头皮咕嘟咕嘟地灌下去。

宝宝，不知道吧，为了你，妈妈受了很多苦，妈妈现在很坚强！

产前检查的项目及时间

1	第一次产检（怀孕12周左右）：这个时期的产检主要是核实怀孕情况，并对胚胎做初步了解。必需产检项目包括：身高、体重、妇科检查、血常规、尿常规、白带、梅毒筛查、B超检查。之前没有做过婚检、孕检的人，还要增加地中海贫血的筛查。家里养宠物的人，则要增加寄生虫检查。
	温馨提示：第一次产检做的检查项目相对较多，这也是为了全面检查孕妈咪的健康情况。
2	第二次产检（怀孕16周）：项目包括：体格检查，体温、脉搏、呼吸、血压、体重、宫高、查体（水肿等）；化验，血常规、尿常规和唐氏筛查；辅助检查，多普勒听胎心。
	温馨提示：第二次产检项目中最重要的是唐氏筛查，需要绝对空腹12小时以上抽血检查。
3	第三次产检（怀孕20周）：项目包括：体格检查，体温、脉搏、呼吸、血压、体重、宫高、查体（水肿等）；化验，血常规、尿常规；辅助检查，多普勒听胎心、产科彩超、筛查大畸形。
	温馨提示：第三次产检项目中最重要的是B超筛查大畸形，做排畸检查前应适当多运动，这样有利于宝宝的胎位达到最佳位置，可以适当吃几块巧克力，宝宝会变得兴奋、多动，也有利于做排畸检查。
4	第四次产检（怀孕24周）：项目包括：体格检查，体温、脉搏、呼吸、血压、体重、宫高、查体（水肿等）；化验，血常规、尿常规和口服葡萄糖耐量试验；辅助检查，多普勒听胎心。
	温馨提示：此次是常规检查，也可做筛查大畸形检查。
5	第五次产检（怀孕28周）、第六次产检（怀孕30周）：项目包括：体格检查，体温、脉搏、呼吸、血压、体重、宫高、查体（水肿等）；化验，血常规、尿常规；辅助检查，产科彩超、多普勒听胎心。
	温馨提示：从怀孕28周开始，产检变为每两周一次，第五和第六次产检都是常规项目的检查，不需要太过紧张。
6	第七次产检（怀孕32周）：项目包括：体格检查，体温、脉搏、呼吸、血压、体重、宫高、查体（水肿等）；化验，血常规、尿常规；辅助检查，骨盆测量、骨盆内诊、多普勒听胎心。
	温馨提示：此次是常规检查加上骨盆测量及骨盆内诊。骨盆测量主要是为了检测骨盆的形态是否异常，各径线是否够大，从而判定胎儿是否可以经阴道顺利分娩。

7	第八次产检（怀孕34周）：项目包括：体格检查，体温、脉搏、呼吸、血压、体重、宫高、查体（水肿等）；化验，血常规、尿常规、B型溶血性链球菌培养；辅助检查，产科彩超、骨盆测量、骨盆内诊、多普勒听胎心。
	温馨提示：此次除了常规检查之外也可进行骨盆监测及骨盆内诊。特殊的检查是B型溶血性链球菌培养，B链菌对成人没有影响但对胎儿尤其是顺产胎儿有影响，胎儿可能在经过产道的时候感染B链肺炎和败血症。
8	第九次产检（怀孕36周）：项目包括：体格检查，体温、脉搏、呼吸、血压、体重、宫高、查体（水肿等）；化验，血常规、尿常规、肝功能、肾功能、HIV；辅助检查，胎心监护、多普勒听胎心。
	温馨提示：此次除了常规检查之外，还会有肝功能、肾功能、HIV的化验。
9	第十次产检（怀孕37周）：项目包括：体格检查，体温、脉搏、呼吸、血压、体重、宫高、查体（水肿等）；化验，血常规；辅助检查，产科彩超、胎心监护、多普勒听胎心、产前鉴定（骨盆测量）。
	温馨提示：此次除了常规检查之外，最重要的一项是产前鉴定（骨盆测量），骨盆的大小与形状，对于分娩的顺利与否起决定性作用。如果骨盆的大小、形态异常，并且与胎儿不相适应，则胎儿下降受阻，可能导致难产。为此，产前检查时一定要测量骨盆。
10	第十一、十二、十三次产检（怀孕38周到40周）：最后三次产检项目包括：体格检查，体温、脉搏、呼吸、血压、体重、宫高、查体（水肿等）；化验，血常规；辅助检查，胎心监护、多普勒听胎心。
	温馨提示：最后三次产检除了一些常规检查之外，最重要的就是胎心监护，保证孕妈咪与宝宝的安全。

第一次心跳

第一次听到宝宝的心跳让人特别难忘。

宝宝心跳的声音从扩音器里传出来的时候，我都惊呆了，嘣、嘣、嘣、嘣，一下一下跳动得那么强壮有力，真是难以置信，一种庄严的母爱油然而生。

那么小的生命，怎么会有这么强大的声音传出来，一下一下震撼着做母亲的心，生命真是太奇妙了，我的眼泪立刻噼里啪啦掉下来。

因为在医院，我有些不好意思了，就一个劲儿地擦，眼泪却一个劲儿地流，一个劲儿擦，止不住地流。

亮亮也是一脸感动、震撼，还给我在包里找纸巾，我用胳膊肘碰碰他，问他："啥感觉啊？"

亮亮语无伦次地说："我都觉得不可思议！一颗小心脏，一个小生命，在噔噔噔，噔噔噔地跳，很奇怪，奇怪到觉得……哎呀，真的我不知道用什么词来形容了，你知道吗？说不上来……我脑子现在一片乱，突然间就……觉得……好神圣……一种神圣、敬畏和使命感。"

我们还在B超里看到了宝宝矫捷活跃的身影，医生一边转角度一边对我们说："你们看，你们家孩子在游呢，在动呢，看见没？"

我和亮亮鸡啄米一般地点头。

他一把抓住我的手说："快看，宝宝打哈欠呢！看见没？"我激动地回答："看见啦，看见啦！眼睛睁开了，真好！"一会儿他又兴奋地说："小璐，快看！小手动了，宝宝真厉害！特别好的宝宝！"

那天我们第一次感受到了生命的伟大。

Don't forget!

胎儿胎心率是预测胎儿安危的手段，因此每个孕妈咪都有必要做好胎心率记录。

胎儿胎心率正常值：

正常胎心率为120～160次/分钟

怀孕20周前胎心率平均为162次/分钟

怀孕21～30周胎心率平均为147次/分钟

怀孕31～40周胎心率平均为139次/分钟

通常位于胎儿背上方的孕妇腹壁听到的胎心音最响亮。但由于胎头位置不同，最响胎心音部位也不一样。孕妈咪自己学会计数每分钟胎心率是有好处的，若胎心率小于120次/分钟或大于160次/分钟，即表示胎心率异常，需进一步复查监护。

第一次胎动

怀孕四个多月的时候，有一天去杭州探亮亮的班。

杭州是一个温婉秀丽城市，每次到杭州，都不由自主地变得平静，连步调都会慢下来。

就在那里，宝宝突然有了第一次胎动！我兴奋极了，她在里面蹦一下，我兴奋得“啊、啊”尖叫一声！

后来，宝宝的胎动很有力，好像在里面翻滚，就像鱼儿在水里游泳，我看见自己的肚皮也跟着一滚一滚的，那种感觉既新奇又兴奋。

亮亮的手放在我肚子上，宝宝每动一下，我都激动得尖叫一声，我每尖叫一声，他

都吓得颤抖一下。我们有一种孕育生命的喜悦和感动。

看我这么兴奋，他故意语气夸张地逗我：“不得了！我就知道这小家伙注定是个不平凡的孩子啊，动得跟别人都不一样，铿锵有力！”

我嗔怪了他一句：“你知道别人家小孩都是怎么动的呀？”他傻呵呵地笑了。

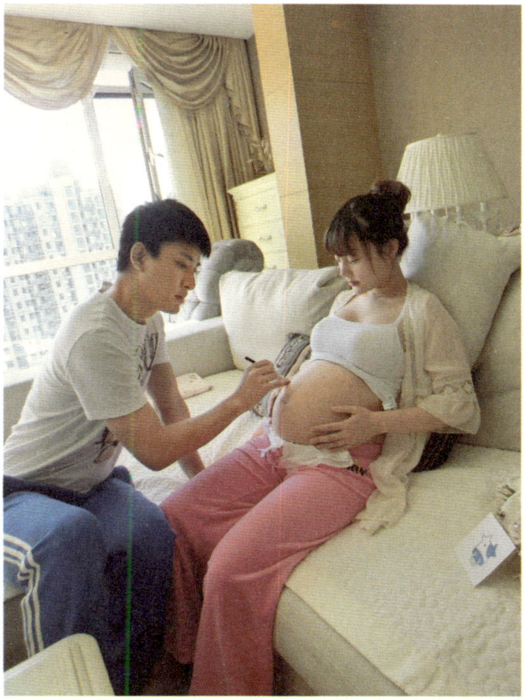
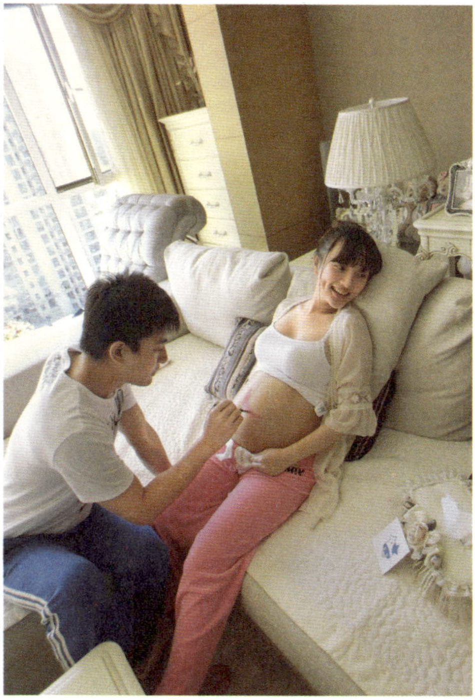
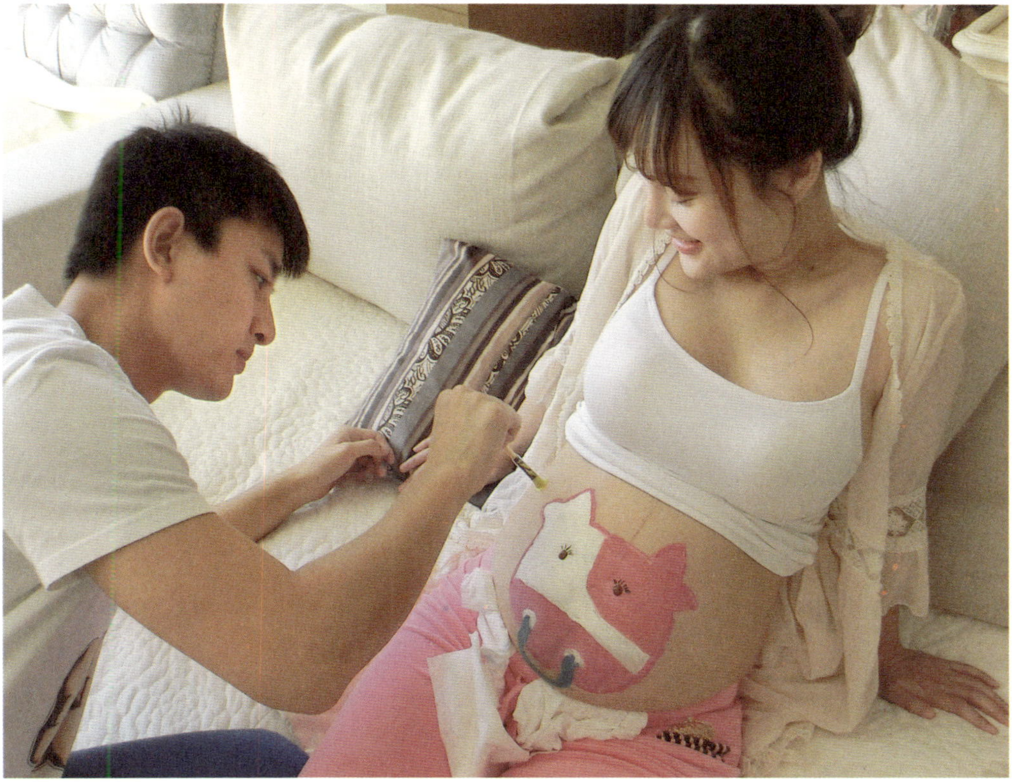

数胎动的方法

每日3次计数法	每日1次计数法
每天早、中、晚固定的3个时间，各数1次胎动，每次进行1个小时。然后把3次数到的数字相加并乘以4，这就是宝宝12小时的胎动数。	每天在临睡前1小时计数1次，每天的检测时间应该是固定的。然后将每日的数字记录下来，描绘成曲线。

需要警惕的胎动异常

胎动减少	急促胎动后，突然停止
胎动突然减少可能是由于孕妈咪有发烧的情况，造成身体周边血流量增加，使胎盘、子宫血流量减少，造成宝宝轻微缺氧。	胎儿翻身打滚时被脐带缠住，血液无法流通，因缺氧而窒息就可能出现这样的胎动反应。
胎动出现晚，相对较弱	**胎动突然加剧，随后慢慢减少**
这可能是胎盘功能不佳引起的，各种原因所导致的胎盘功能不佳造成胎盘供给胎儿的氧气不足，宝宝因为长期缺氧使胎动减缓。	这可能是宝宝缺氧或者受到外界刺激引起的，有时还会伴有剧烈的腹痛和大量阴道出血。

流氓兔的传说

以前觉得“孕妇”这个词不太好听，没想到自己真的怀孕了，觉得这个词还挺亲切。怀孕五个多月的时候，最期盼自己的肚子快点长大，那样就能看起来像一个真正的孕妇了，多神气啊！

有一次在香港搭公共汽车，心里想着自己是孕妇，一定会有人给我让座的，美滋滋的特别有优越感。保护孕妇人人有责的！为了让肚子看起来威武一点，我故意把它挺得高高的，脑子里还在想，马上就有一个好心的大妈或者帅小伙腾地站起来，笑眯眯地望着我，满脸关怀地，或者充满怜爱地对我说：“快请坐”。

汽车走出去很远，居然没有人理我。我用余光瞟了瞟周围的人，他们一个个泰然自若，玩手机的玩手机，听音乐的听音乐，发呆的发呆，完全没有发现：舒舒服服地坐着的他们面前，站着一个挺着大肚子的孕妇！

我使劲把肚子又挺了挺，一只手放肚子上护着肚子，然后“嗯、嗯”两声，清了清嗓子吸引他们的注意，心想，这下应该看出来了吧？没想到，直至下车还是没有一个人给我让座。

哎！这么一大车人，居然没一个好眼力看出来本姑娘是孕妇！

六个月的某一天，忽然开始感到烧心、胃酸，特别不舒服。晚上也因为尿频经常起夜。

妈妈和婆婆说，这是宝宝在长头发呢，不知道有没有科学依据，但还是听她们的话，吃了一些黑芝麻、核桃、鱼和豆制品，盼着宝宝以后头发能又黑又密。

除了烧心、胃酸外，有时候还胃痛，晚上睡不着觉。好不容易睡着了，夜里睡着睡着突然开始腿脚抽筋，身体上的各种疼痛和不舒服，总让人觉得莫名委屈。那些日子真是难熬。

人家都说孕妇的泪点低，特别难受的时候我也悄悄地抹眼泪，做妈妈的道路可真艰难啊。

有时候亮亮一觉醒来，看到黑暗中我坐在那儿，绷着肚子，发着呆，就像一只忧伤的小胖熊。

有一天晚上，睡着睡着又饿醒了，想起来吃点东西又怕打扰他休息，我把灯光调得很暗。

他还在睡梦中呢，迷迷糊糊的，就喊：“什么玩意儿？流氓兔？！”

我像做贼被发现了一样回过头，他用手胡抹了一把脸，才看清是我，于是捧腹大笑起来。

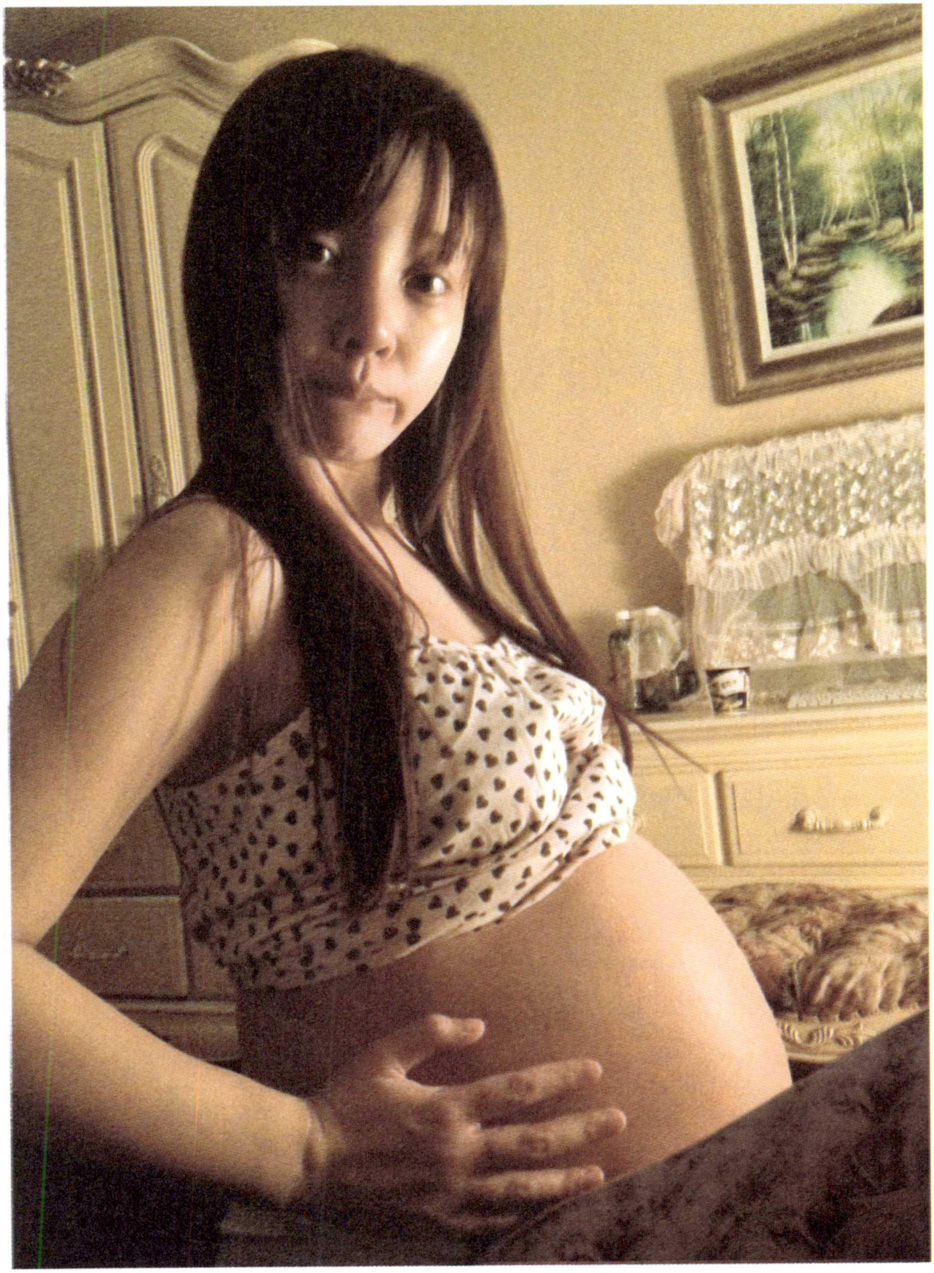

最可恶的是，他边笑还边断断续续地比画说：“刚才真是太逗了，跟在梦里似的！朦朦胧胧的，然后特别粗的一个腰……就这样扒拉吃的，哎呀，给我看的，一看就乐了！然后从侧面看，你还穿个黄色带点点的睡衣，肚子鼓出来，没有腰身，那叫一个敦实啊！一回身，嘴里还在嚼东西……这不是流氓兔嘛！！！” 我背对着他挨着床边坐着，因为很饿，我还在低头吃东西。

唉！真囧啊，一切为了宝宝，妈妈别说变成流氓兔了，就算变成倒霉熊也豁出去了！

怀孕到七个月后，宝宝已经长得很大，我的腰又特别瘦，所以胎儿的重量把我的肋骨都撑开了，感觉坠着生疼。

我的体重一直稳步向上，但还不算胖，最后重了三十斤，整个后背的肉都紧绷着，现在想起来都疼，亮亮经常帮我按摩，不能捏，捏也疼得厉害。

宝宝，为了你，妈妈坚持！

孕期最健康体重增加分解表	
宝宝	6.8斤
胎盘	1.4斤
羊水	1.8斤
子宫增重	1.8斤
产妇乳腺组织	1.8斤
产妇的血容量	3.6斤
产妇组织内流体	3.6斤
总体重增加	约27斤

Don't forget!

难眠的夜

怀孕期间，最大的奢望就是能一觉睡到天亮。

肚子越长越大，翻来覆去都睡不舒服，好不容易睡着了，还会被饿醒，被尿憋醒。

医生说，孕妇的睡眠大都不太好，随着孕周的推移，子宫逐渐变大。增大的子宫会压迫膀胱，会让你不停地想上厕所。睡觉已经不能再用仰卧位了，因为增大的子宫会压迫下腔静脉，影响回心血量，对妈妈和宝宝都不利。最好左侧卧位，主要纠正子宫右旋，对孩子生长发育有好处。当然睡觉也不可能不换姿势，只要是侧卧位都可以。可是就算是侧卧位，也睡不好觉，还是不舒服。

凌晨三四点时我准会被饿醒，需要补一顿餐，必须是伸手一抓，马上就能吃进去的。我都是闭着眼睛往嘴里塞，好困啊。到了早上六七点又被尿憋醒了，根本睡不好。

既然睡不着，也不想强迫自己睡，干脆起来给宝宝做摇铃、帽子、小斗篷和小玩具……最难缝的是小鞋子，小鞋子太精细了，做到后来眼睛都快花了。

亮亮特别心疼我，他说：“小璐，快点睡吧，都几点了。别熬太晚，对身体不好。”

本来想缝一会儿，困了就睡，可越缝越兴奋。缝一会儿，再拿起来欣赏一会儿，想象着宝宝以后穿着它的样子。

这些当时亲手做的东西，后来宝宝都用上了，让我这个当妈妈的特别有成就感。

最后快生的那一个月，我上三个台阶都想哭了，脚后跟疼，腰也疼，好辛苦！

We make you Smile

Don't forget!

到了妊娠晚期，孕妈咪的腹部已经太大，使得她们无法舒服地躺下。这时候可以向左或右侧卧，并将枕头夹在两腿中间，以及垫在背后。

如果这些都没有作用，也可以找一张舒服的躺椅。

当肚子长到西瓜那么大时，用些东西垫在她们的背部支撑一下，会让她们睡得舒服些。

胎 教

和所有的爸爸妈妈们一样，我们也希望自己的宝宝健康、聪明、漂亮、性格又好。

医生说准妈妈的营养状况、情绪状况、生活习惯都会潜移默化地影响到肚子里的宝宝。在孕期，要尽量保持营养均衡，而且不管遇到什么事，都要保持情绪稳定，心情舒畅。

我经常给宝宝放点音乐，大部分是舒缓的音乐，比如巴赫、舒伯特、莫扎特、贝多芬、李斯特、肖邦等音乐大师的作品，也听过一些古筝、笛子、二胡、扬琴的专辑。

不知道是否和之前的音乐胎教有关系，到了孕后期，宝宝对音乐特别敏感。那段时间很流行鸟叔，只要一上车，亮亮就开始放《江南style》，我的肚子马上就会跟着那个欢快的节奏动起来，所有点还都踩在了节奏上，特别可爱。

肚子里的小宝宝是需要爱抚的，我们每天都会轻轻地抚摸他，和他说话。受到抚摸后，宝宝会轻轻地动一动，很享受的感觉。据说胎儿最喜欢听爸爸的声音，因为他在子宫内最适宜听中、低频调的声音，而男性的说话声音恰好符合。爸爸的声音最能够唤起

（本照片来源于摄影师谷子）

宝宝积极的反应，对宝宝出生后的智力及情绪稳定非常有利。

胎动得最厉害的一段时间，有次亮亮把脸紧贴在我的肚皮上，说：“宝宝，踢爸爸一下！”谁知道宝宝迅速“噔”一下就隔着肚皮踢到他脸上。

他以为是凑巧，又换了一边，说：“宝宝，再踢一下！”没想到宝宝“噔”又来了一脚！怎么可以这么准？我俩当时就傻了。

然后他说：“再踢爸爸嘴一下！”结果正好在他嘴的方向，又来了一脚，准准的，别提多开心了！

宝宝和我们互动得特别好，很乖，很聪明，做父母的心里特别骄傲和自豪。

科学胎教的方式：

1、营养胎教：孕妈咪要讲究孕期的合理营养，营养要全面，食品要多样，饮食有规律，进食要适量。

2、情绪胎教：现代生理学研究发现，母亲的情绪和智力活动直接影响内分泌的种类和量，而内分泌物质经血液流入胎儿体内，使胎儿受到或优或劣的影响。孕妈咪要尽量营造一个舒适的环境，室内颜色调和，四周保持整洁。避免收看情节紧张的电视节目或收听令人情绪紧张的广播。过有规律的生活，忘记烦恼和忧愁。

3、音乐胎教：对胎儿的智力开发有特殊的功能，音乐是孕妈咪与胎儿建立感情的纽带。温静、动听、悦耳的轻音乐能使母亲得到美的享受，给胎儿以宁静感，可使胎儿心率平稳，从而改善胎盘的供血状况，促进发育。音乐的节律性振动对胎儿的脑发育也是一个良好的刺激。

4、语言胎教：让胎儿不断接受语言波的信息，使其空白的大脑增加“音符”。

5、抚摩胎教：父母用手轻轻抚摩或拍打胎儿，通过孕妇腹壁传达给胎儿，形成触觉上的刺激，促进感觉神经和大脑发育。经过抚摩训练出的胎儿，肌肉活动比较发达，对外界环境的刺激反应也较灵敏。出生后翻身、爬行、站立、行走等动作会做得更快更好。

Don't forget!

胸部按摩

和新妈妈圈的朋友交流的时候，有的姐妹说，宝宝出生后没有母乳，或者乳腺不通，本来产后已有身体上的伤痛，更心疼宝宝饥饿，特别痛苦。

我很庆幸，自己奶水特别好，催乳师跟我说，我是她见过开乳最好的，乳腺全都打开了。

可能要归功于孕期我一直坚持胸部按摩，没有偷懒吧！

刚怀孕的时候，我就打定了主意，以后一定要用母乳喂养宝宝，因为母乳利于宝宝吸收，而且母乳喂养的宝宝出现过敏的机会少，我要给宝宝的一生打下好的身体基础。

为了产后能顺利地进行母乳喂养，在怀孕三个月胎儿状态平稳之后，我就开始做胸部按摩，并护理乳头及乳晕。洗澡时用热毛巾敷盖乳房并轻轻按住，用指腹在乳房周围画圈按摩。还可以从下面托起乳房，用双手向上推压乳房。洗澡后在乳头上涂上护理油，用拇指和食指轻轻抚摩乳头。

孕期进行胸部按摩，可以软化乳房，清除乳管中新陈代谢产生的污垢，让乳管腺通畅，促进产后母乳分泌，还能防止产后乳房下垂。

建议准妈妈们从胎儿三个月之后开始坚持乳房保养，为之后的母乳喂养宝宝打下基础。

（本照片来源于摄影师谷子）

（本照片来源于摄影师谷子）

Don't forget!

孕期胸部按摩好处多：

1、按摩可以软化乳房，使乳管腺畅通，让乳汁流出通畅。

2、帮助孕妈咪们树立母乳喂养的信心。

3、按摩乳房能清除乳管中因新陈代谢而产生的污垢和文胸里的棉絮组织。

4、刺激乳头和乳晕，使乳头的皮肤变得更强，将来宝宝吸吮也容易。

5、防止产后乳房下垂。

但是到了孕晚期时，孕妈咪们就不要进行胸部按摩了，因为此时按摩乳房易造成早产。

吃饭的学问

怀孕期间，宝宝的身体各个器官都在不断地快速发育，需要母体给他充足的营养供应，所以孕期的妈妈一定要加强营养，尽量吃一些营养丰富的食物。

可爱的家人们每天变着花样给我做，又是菜又是汤，又是饺子，又是包子，天天不重样，瘦肉、鸡肉、鱼肉、牛肉、虾，搭配着菠菜、香菇、萝卜、豆芽……每天还要吃水果和坚果，有苹果、香蕉、葡萄、猕猴桃、圣女果、核桃、腰果、花生，真可谓五花八门！ 我像女皇一样心安理得地享受着他们无微不至的照顾。

为了自己和宝宝的健康和安全，除了注意营养外，在饮食上还有好多要注意的，不能吃高脂肪、高蛋白、高糖、高钙的食物。有些食物不能多吃，有些食物还要忌口。孕妈妈不能吃热性的食物，比如羊肉之类，热性的作料也不能吃，像辣椒、小茴香、胡椒、八角、桂皮、五香粉都最好不要吃。味精也要少吃。少吃煎炸食品。山楂也要少吃，因为山楂对子宫有兴奋作用，吃得过多会让子宫收缩，容易导致流产。含咖啡因的

@李小璐Super璐
weibo.com/lixiaolu

饮料和食品不要吃，因为咖啡因会通过胎盘进入胎儿体内，影响胎儿发育；最好也不要喝茶，茶叶含的咖啡因比较高，饮茶会加剧孕妇的心跳速度，增加孕妈妈的心、肾负担，不利于胎儿的健康发育。还有甜食会消耗钙，导致钙缺乏，会影响胎儿牙齿、骨骼发育。人参、桂圆等补品也不要食用。还不能吃甲鱼和螃蟹，不能喝酒，不能吃罐头、方便面和含有添加剂的食品。不能吃的真的是太多了。

孕期吃饭确实很麻烦，这么多忌口的东西，只能眼馋别人吃得津津有味。

有一次和亮亮出去吃小吃，我只能吃一点炸馒头片，眼睁睁地看着他吃了整整一大盆麻辣小龙虾，辣得汗流浃背，羡慕得我口水都流下来了。我说你真坏，知道我不能吃还故意馋我！

Don't forget!

孕期各阶段推荐食品表

胎儿发育过程	所需营养	富含营养的食物
2～3周，胎儿血液循环开始，甲状腺组织、肾脏、眼睛、耳朵开始发育	均衡营养	均衡饮食
4周，四肢开始发育，脑部、脊髓、口腔、消化道开始形成	钙、铁、铜、维生素A	鱼、蛋、红绿色蔬菜、肝、内脏、鱼肝油
5周，脑神经出现，肌肉中的神经开始分布，骨架形成	脂肪、蛋白质、钙、维生素D	奶、鱼、蛋
6周，肌肉发育、口鼻腔发育，气管、支气管出现，肝脏开始制造红细胞	镁、钙、磷、铜、维生素A、维生素D	蛋、牛奶、乳酪、鱼、黄绿色蔬菜、鱼肝油
7周，胃发育完成，视神经形成，性器官分化出来	维生素B1、维生素B2、维生素A	胚芽米、麦芽、米糠、酵母、牛奶、内脏、蛋黄、胡萝卜、豆类制品
8周，指头形成、唇部形成、耳朵形成	蛋白质、钙、铁、维生素A	奶、蛋、肉、鱼、豆、黄绿色蔬菜
10周，膀胱形成，手指甲、脚趾甲形成	维生素A、蛋白质、钙	肝、蛋、牛奶、乳酪、鱼、黄绿色蔬菜、红绿色蔬菜
12周，肺部出现雏形、甲状腺分泌荷尔蒙	维生素A	肝、蛋、牛奶、乳酪、黄绿色蔬菜
16周，皮肤菲薄、已有呼吸运动	钙、氟、蛋白质、硫	蛋、牛奶、海产、豆、鱼、红绿色蔬菜、骨制食品
24周，眼睛发育完成	蛋白质、维生素A	肝、蛋、牛奶、乳酪、黄绿色蔬菜和鱼
28周，神经系统开始具有调节身体活动的功能	钙、钾、钠、氯、维生素D、烟碱酸	蛋、肉、鱼、奶、绿叶蔬菜、糙米
36周，皮脂腺活动旺盛	蛋白质、脂肪、糖	蛋、肉、鱼、奶、马铃薯、米饭、面条、玉米
40周，双顶径大于9厘米，足底皮肤出现纹理	铁	肝、蛋黄、牛奶、内脏、绿叶蔬菜、豆类

孕期用药

对于孕妈妈们来说，生病是非常令人纠结的事，一直扛着身体得不到康复，可吃药又担心对宝宝不好。

怀孕的时候，我也生过几次病，基本上都是感冒和喉咙发炎。一般轻微的过两天就会自愈。但是如果一两天内病情没有缓解，都会及时去医院治疗，医生怎么吩咐，就怎么乖乖地去做。

有一次发烧，扁桃体发炎，去医院后医生让吃药，我特别担心，会不会影响宝宝，医生告诉我孕妇如果发生感染、炎症，比如呼吸道感染等，就不要回避药物，应该积极进行治疗。因为如果孕妇身体状况不好，比如发高烧，也会影响到胎儿的生长发育。如果感冒症状很严重，有明显的全身反应，有体温的升高，就应该马上去医院，让医生根据病情，选择用药。

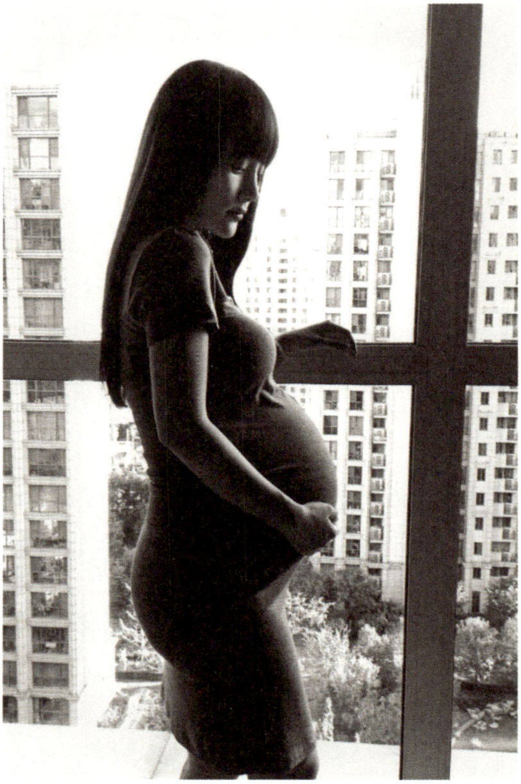

孕妈妈们一定要注意了，生病后不要一味地硬扛，一味硬扛还可能影响宝宝的生长发育。但也不要自己随意服药，我们自己的医学知识有限，自己随意服用药物特别危险，因为有的药物会对宝宝有影响。总之，孕期用药应该是慎之又慎的。

孕妇首先需要补充的就是叶酸了，因为叶酸缺乏会影响孩子的神经系统和心血管系统的发育。同时还应该补充多种维生素和微量元素，这些对预防胎儿的出生缺陷和胎儿孕期生长发育都很有好处。这些想必孕妈妈们都知道吧！

希望各位孕妈妈都能健健康康地度过十个月的孕期，生下健康聪明的宝宝！

孕妇在抗生素的选用上，应该选用久经考验的、比较安全的药物，比如青霉素类、头孢类、大环内酯类、林可霉素类的抗生素，还有红霉素、阿奇霉素之类的药物，比较安全。

目前可知的四环素类的、氯霉素类、庆大霉素类的抗生素，都容易对胎儿造成不同程度的损伤，要避免使用。

选用抗生素要在医生的指导下，对抗生素的量和时间都要有所斟酌。只要解决了临床问题，就没必要长时间大量地使用。

孕妇在妊娠期呼吸道黏膜本来就是充血水肿的，很多孕妇都会发生鼻子不通气、咽部疼痛等，这种时候未必是细菌的感染，如果没有伴随体温升高，可以选用一些维生素和中成药，如板蓝根等，比较安全，临床上也用得比较多。

Don't forget!

孕中工作

2012年的亚洲偶像盛典，我很荣幸被评为“亚洲偶像内地最佳女演员”。那会儿怀孕六个多月了，已经大腹便便，行动很吃力。李静姐担纲盛典总策划，我觉得自己这个样子去出席会给大家添好大麻烦，所以不想参加了。没想到李静姐几次三番地打电话邀请我参加，尊敬的前辈这样力邀我，实在不好意思再推辞了，于是在家人的搀扶下，我挺着大肚子去了。

那天给我颁奖的是古巨基和林心如。我被搀扶着护送上舞台，他俩看到我走路颤颤巍巍的样子，特别紧张，赶紧过去伸手接着我，直到把我送下台，两个人才长舒一口气。到家后我跟亮亮说，我现在是出去一次，就麻烦别人一次啊！

还有一个好玩儿的事，怀孕时我还拍了一个护肤品广告。

这条广告在怀孕之前就定下来了，所以爸爸始终没有告诉对方我已怀孕快五个月。

没办法，我也只好对怀孕的事只字不提，挺着大肚子去了。

刚到影棚，我就发现现场的工作人员个个惊奇地瞅着我的肚子，但是大家都心照不宣，没说什么。我感觉自己好尴尬，怎么可能有女生挺着这么大的“啤酒肚”呢？而且那天穿的是一条百褶裙，我往珍珠上一躺，整个肚子就完全暴露在外面了。

导演拍完了一条，就喊“停、停”，跑过来抓起一把珍珠替我挡一挡，再接着继续拍。

出乎意料的是，这条广告拍得出奇靓丽，广告制作人不禁感慨：“我拍了无数广告，有两条广告是最出色的，演员无论皮肤的质感还是形象都是一流的。一个是当年的李嘉欣，一个是现在的李小璐！”

回想起来不得不佩服爸爸，怎么那么能沉得住气！我说：“你就直接告诉人家我怀孕了，不行吗？”那个倔老头却意味深长地说：“我相信我女儿的实力……”

现在回顾起来觉得就像一个笑话，当时我可是捏着一把汗呀。

孕期贫血

有一天，亮亮和表妹静静都说我脸色苍白，我也感到自己不太有精神，走路、上楼时心慌气短，有点眩晕，他们赶快带我去医院检查，原来是贫血了。

医生说孕妈妈对营养的需求和平时不一样，对铁的需求会明显增加，特别是到孕中晚期，胎儿对铁的需求量增加，可是大部分女性在怀孕初期都没有存储足够的铁，所以到孕中晚期，很容易出现贫血。医生给我开了点药，还说纠正孕期贫血，不单只是补铁，还要补充叶酸和维生素B12。如果已经补充了多种维生素，还没有改善，就需要额外补充铁的制剂了。

回家后，家人也给我做了猪肝汤、鲤鱼补血汤，还让我吃红枣。

除了贫血，我还有低血糖。血糖低容易导致头晕、冷汗、感觉缺氧。那会儿我还喜欢做蓝莓饼干和小蛋糕这样的甜点吃。提醒同样有低血糖的孕妈妈们外出时可以在包里放点小零食、糖果，身体不舒服时可以立刻吃一点，这样症状可以及时缓解。

孕妈妈们一定要注意自己的身体状况，有问题不能忽视，及时上医院检测。

在孕期，孕妈咪的血容量要增加30%～45%，所以身体需要的造血原料就要增多。

无论是自然分娩还是手术分娩，都会有不同程度的失血，血色素在原有基础上会下降1到2克。另外胎儿在妊娠到五个月的时候，他的肝脏就要储存一些造血的原料，骨髓就要开始造血了。

所以这些都需要大量的造血原料，使得孕妈咪容易贫血。

Don't forget!

游 泳

随着宝宝的发育，一天天变大的肚子很容易让人腰痛和坐骨神经痛，为了预防这些毛病，孕妈妈应该保持适当的运动。

在孕期，我一直坚持游泳，基本上隔一天游一次，一直坚持到七个月。每次游泳后都感觉很舒服。

刚开始，游泳馆的救生员和周围的人看到我都惊呆了，一个小小的孕妇挺着个大大的肚子，在水里游来游去，还有人善意地提醒我注意安全。其实我自己很小心，首先要注意水温，太低容易抽筋，太高也不好。还要带上防滑拖鞋，不论入水前还是出水后，

只要离开水，都要穿防滑的拖鞋，以免不小心滑倒。游的时候自己注意调节，不累的时候就游一会儿，累了就在水里泡一会儿，不过分伸展，更不能长时间憋气，缺氧对胎儿不好。去的次数多了，大家也习惯了我的出现，看到我这么小心，都放心多了。

小宝宝在肚子里越来越大，越来越重，我也感觉越游越沉，越游越费劲了。后期胎动的时候，我在水里游，她在我的羊水里游，我们一起运动，那种温馨的感觉，不怀孕是感受不到的。

孕期游泳，准妈妈们不要规定自己要用什么姿势游多久游多远，主要是在水中，身体负担非常小，借助水的浮力可以帮助孕妇支撑比孕前多出的20多斤的体重，还能促进血液循环，因为准妈妈的血液不仅负责运送胎儿发育所需的营养物质，还要排出胎儿的废弃物。通过游泳，还能锻炼全身的肌肉，增加肌肉的弹性，增强腰部和腿部的力量，使以后分娩更加顺利。

准妈妈们都年轻爱美，谁也不希望因为怀孕让自己身材走样，游泳对准妈妈们的体重管理和体形恢复都有好处。

Don't forget!

孕期孕妈咪们应该进行一些非竞技性、比较缓和的、不太剧烈的运动。而游泳是一种不错的选择，因为水有浮力，可以减轻孕妇各关节的负重，对肌肉力量有很好的作用。

但是需要提醒大家的是孕妈咪一定要选择卫生条件比较好的游泳馆，水温要适宜，保持在26℃左右。如果水温过凉，对孕妇的关节活动不好。

瑜伽

怀孕四个月的时候，每周三次，我去上了关于孕期知识、艺术胎教和孕期运动的课程。

特别凑巧的是，一个要好的同学也怀孕了，正好可以一起搭伴去上这些课程。我们从小学到初中都是同学，没想到还会一起怀孕一起喂奶，一起度过这么一段最难忘的时光，有这样的同学陪伴真是很幸运。

上课时，认识了很多孕妈妈朋友，大家都很热情，我也从来没有因为自己是演员，就刻意和大家保持距离。相反我觉得一定要敞开心扉，一群大肚子妈妈在一起，就是上课、交流，非常快乐、单纯。

生完宝宝以后，我们还经常结伴去听崔玉涛医生的育儿课，宝宝大一点后还可以带宝宝一起聚会，妈妈们互相交流，宝宝也有了玩伴儿。如果有孕妈妈有一些忧郁症，可以试试去和其他的孕妈妈们一起去上课，应该会是一个非常好的帮助。

除了游泳，我还练了孕期瑜伽，瑜伽是非常适合孕期进行的运动，因为它不仅可以活动四肢，增加身体平衡，提高灵活性，还可以做调息。如果掌握了调息，到分娩的时候伴随着一阵阵的宫缩能够调理呼吸，那么就能更好地保持体力、更好地用力，对日后分娩很有好处。但是活动时，孕妈妈们还是应该注意自我保护，避免摔跤和腹部碰撞。到孕后期就应该改为简单的动作或者停下来了。

当时学过的瑜伽舞蹈中，练得最好的是《青花瓷》。以前不会唱周杰伦的《青花瓷》，学了舞蹈以后，歌词都能背下来了。

每学会一套舞蹈，回到家里就给亮亮表演，炫耀一下，亮亮总是特别欣赏地说："真好看！真漂亮！"

不知道他说的是不是真心话，以前练舞的时候，我在舞台上活力四射，从来没有得到过他的夸奖。等到我只能捧着大肚子，慢慢笨拙地做一些极其简单的动作时，反倒说好看。

哼！我有这么令人同情吗？

Don't forget!

孕妈咪在做瑜伽时应注意自我保护，避免摔跤、碰撞腹部。

在妊娠中晚期，孕妈咪们不适宜长时间做弯腰或蹲着的动作，以免压迫腹部或造成盆腔充血。

在妊娠晚期尽量少运动，因为这时候体重增加，下肢常有轻度水肿，所以双脚易感疲劳，可以做一些缓慢的垫上运动。

慢生活

人生仿佛一场旅行，一直以来都在急匆匆地赶路，有时候也想放慢脚步，看看沿途的风景。宝宝的到来，让我彻彻底底地进入了慢生活。

再也不用没日没夜辛辛苦苦地工作，不用理会一些浮躁的流言蜚语，不用化着浓妆、身披时装、脚踩高跟鞋连轴转，也不用起早贪黑地赶通告了，不用导演一喊“预备开始”就赶快冲出休息间，不用一喊“cut”就跑回来抢吃已经发凉的泡面，不用穿着单衣拍夜戏，在冷风中冻得瑟瑟发抖，不用错过了饭点肚子饿得咕咕乱叫，饥不择食地吃垃圾食品了……

一切变成了慢速度、慢动作，呼吸着安静的空气，晒着暖暖的太阳，吹着轻轻的风，欣赏着

一棵树、一棵草的变化，倾听一朵花开的声音，我已心满意足。状态好的时候，再去练练瑜伽，游游泳，自己做点小手工，小甜点……用心体会着时光的幸福，家人的关爱，朋友在一起的快乐……感受着肚子里宝宝的成长，发发呆，憧憬着他的未来……读一段自己喜欢的文字，记录一点自己的感悟，灵魂终于跟上了身体的节奏，我从来没有感到这么满足、幸福，生活原来可以如此淡泊宁静，自然从容。

这样一个悠长、美好、特别的假期却是宝宝赐予我的。虽然身体需要承受的东西很多，同样是一种全新考验，但是这段时间却是我人生中最放松、最快乐的时光。

宝宝，这是一个你和妈妈的假期，这个假期中，你住在妈妈的肚子里，妈妈守护着你，和你一起成长，可是我们的假期只有这短短的40周，当你越长越大，妈妈的肚子也越来越大，到你足够强壮，妈妈的肚子已经装不下你时，我们的假期就要结束了，到那天，爸爸妈妈就能和你正式见面了！

宝宝，我的安琪儿，妈妈非常感谢你的到来，你是上帝馈赠给爸爸妈妈最珍贵的礼物，你是我们订制的天使。

妈妈很辛苦，但是好幸福，好幸福！
吻你，宝宝，永远爱你。
妈妈从未如今天这般宁静、柔软、知足。

自然生产 or 剖宫产

其实很早之前我就做好了自然生产的心理准备，为了爱，我变得勇敢，为了宝宝，我已鼓足勇气、下定决心经历分娩之痛。

对妈妈来说，分娩的过程自然非常痛苦，是用生命在交换爱的结晶，对于宝宝来说又何尝不是呢？宝宝也和妈妈一样，一起在挣扎中获得新生和蜕变。

经过产道分娩的宝宝肺功能能得到锻炼，不容易得肺炎，皮肤神经末梢经过分娩刺激，神经、感觉系统也会发育得好一点，而且整体免疫力会强。对妈妈来说，顺产还有恢复快，又便于母乳喂养的优点。

预产期的前一天去产检。体重已经两个星期没有长，于是医生让我做个B超，结果发现宝宝的体重不到一个月的时间内从五斤八两一下子涨到七斤二两。医生说胎儿长得太快了，离出生还要一周，这一周宝宝继续长大，可能会超过8斤。

（本照片来源于摄影师谷子）

（本照片来源于摄影师谷子）

经过骨盆测量之后，医生发现我的坐骨结节间径偏窄，只有7厘米多一点，达不到顺产的正常条件8.5厘米，而且还伴有严重的低血糖。为了便于理解，她给我画了一个图，解释胎儿的身体条件和我的身体条件。如果顺产的话，孩子会如何出来，会怎样侧切，而且侧切应该是不可避免的。如果到时候不能顺产，还需要做剖宫产。

回到家我纠结了两天。亮亮也希望能减少我的痛苦。

虽然对自然生产的种种好处我们已经了然于胸，但是为了避免意外状况发生，最后还是根据自己的身体条件，选择了剖宫产。

于是一起定下了手术的日子。

Don't forget!

分娩前的准备工作：

精神饱满、情绪稳定地去迎接分娩挑战，不害怕、不紧张、不听不看刺激性强的新闻和影片。

每天洗澡，清洁身体，修剪指甲，但要注意安全，不宜长时间进行热水浴。

临产前严禁性生活，防止胎膜早破和早产。

禁止做大动作，如追赶、拥挤、登高等。

避免独自长时间外出，外出要有人陪伴，万不得已独自外出，需告知家人，以防突然临产。

保证营养、注意休息。多食牛奶、鸡蛋、鸡汤。保持充足睡眠，积累体力。

清点入院用具，妥善安排分娩回家后所需的用具。把出院时自己和孩子所需物品放于显眼位置。

如果顺产，进一步熟练分娩的辅助动作，练习呼吸技巧。

最后的等待

手术的前一天我住进了医院。

当天还想偷偷溜出去，结果被医生制止了。白天待在医院里还吃吃喝喝很开心，到了晚上就开始紧张。

我哭了。

不知道是幸福的眼泪，还是紧张的眼泪……

坐在床上，亮亮看着我，我看着他，两人默然无语，我的眼泪开始不停地往下流。

过了许久我说：“终于到卸货的日子了……”刚说到这儿，就有些哽咽了，直到哭成一个泪人。

（本照片来源于摄影师谷子）

宝宝来到我的身体里十个月了，从一个肉眼看不见的小小的受精卵长到现在，连我肚子里都装不下，我们一起经历了这二百八十个日日夜夜，虽然我无数次幻想过她的样子，明天真的要看到她了，还是有些激动。

医生交代午夜十二点以后不要再吃东西了，以保证肠道清洁，减少术中感染。说实话，我心里慌突突的，也实在吃不下什么东西，晚上只扒拉了几口很清淡的饭菜。

从小到大没进过手术室，真无法想象生孩子有多疼，迷迷糊糊一夜没睡。

最紧张的时刻终于到来了。

分娩

早晨八点半进手术室。我想自己走进去，不要躺着进去，医生说必须躺着，这是规定。于是在爸爸、妈妈还有老公的陪同下，我被推进了手术室。

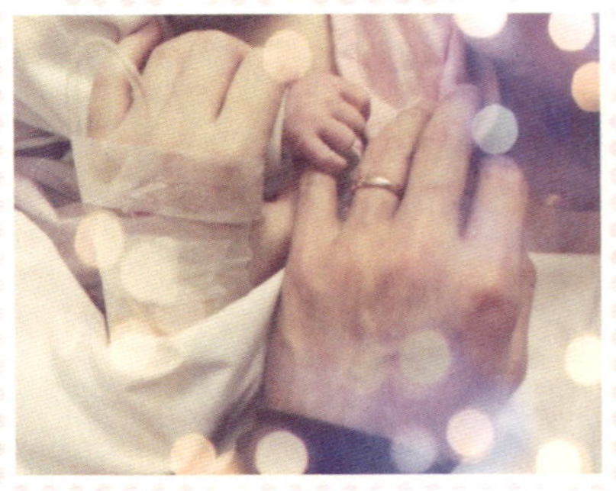

关门的那一刹那，我的内心恐惧到了极点，好想说我不生了，真的。手术室有几个医生和护士等着我，和我热情聊天，鼓励我别害怕，很快就会好的。我当时说了什么，已经全部记不起来了。只记得自己很紧张，脑子里空空的，身体绷得很紧。好像一直重复着，我好害怕，疼不疼，开刀疼不疼，麻醉疼不疼……

宝宝还有一个踩生人。有种说法是，孩子出生后，第一个来串门的人，就是这个孩子的“踩生人”，据说孩子的长相、性格和命运都会像自己的踩生人。所以，一定要给

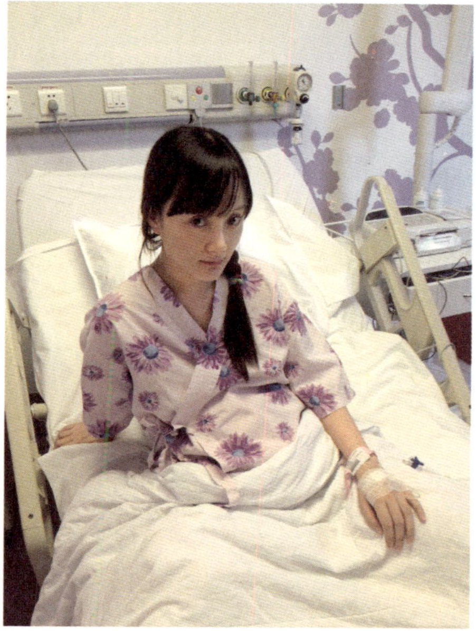

宝宝找一个性格好，命运又好的踩生人。

我选了好朋友甘薇做宝宝的踩生人。一大早她就陪着我进了医院，为了祈福一切顺利，她还特意穿了一身粉红色。

上了产床后我开始发抖，抖得很厉害，产科医生用手摁着我，叫我放松，我感到这只手特别温暖，但还是抑制不住自己的颤抖。

很多人说麻醉疼，我真没感觉到，我的麻醉师一直让我放松，护士长一边轻轻地拍我安慰我，当麻药轻轻推进去时，有一种酸胀的感觉，真的不是疼，只是想让这种不舒服早点过去。推完后，下身觉得一股麻酥酥的热流从脚底窜起。医生问我是不是这种感觉，我说是。她说，我们做些准备工作，正好等麻药劲儿上来咱们就开始。

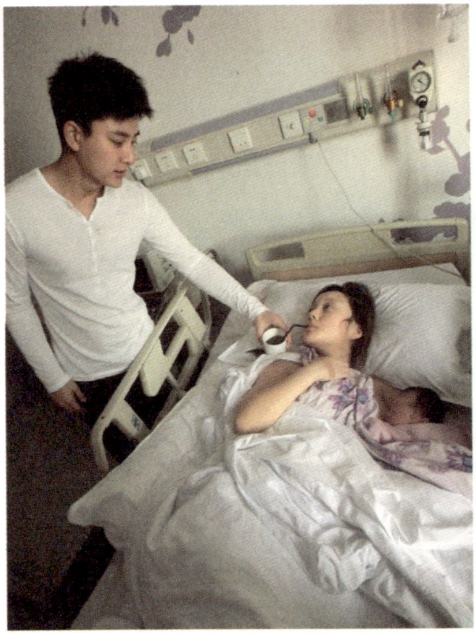

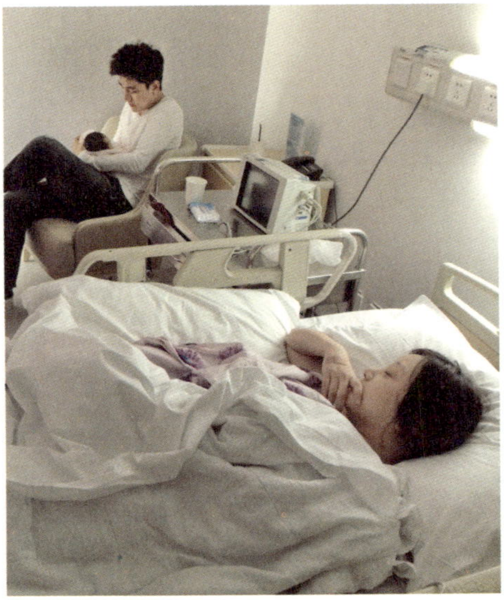

这时亮亮进来了，他拉着我的手，一直跟我讲话。我当时觉得他挺唠叨的，跟唐僧念经似的，但是没有他的声音就没有安全感。

他结结巴巴、语无伦次的，不知道他在说什么。我说："我好像在哆嗦，你看见了吗？"他按了一下我的手说："没事儿，还行，脸有点白，没关系。"

我扭着头不敢看他，我怕我哭了，他会觉得我很娇气。我侧着脑袋，拉着他的手，就这样抖，然后他一直拼命小声地跟我说话。

麻醉医生安慰我说没关系的，然后给我讲接下来会做什么，我会有什么感受，每进行一步，医生都会很详细地告诉我。麻醉医生和产科医生还互相调侃着，我感到他们是为了让我放轻松。

突然，医生都不说话了，开始动刀了。我能清楚地感到手术刀划过我的肚子的灼痛，可能麻药起作用的时间比较延后，过了几分钟，护士开始使劲挤压我的肚子，我痛到意识恍惚，本以为一下子就能出来，可却反复了好几次，医生说最多还要三分钟，我咬牙坚持，闭上眼睛默默数数，忽然"唰"的一下，出来了。顿时我感到很轻松，肚子松了，全身也松了，我轻轻地舒了一口气。

孩子出来以后没有马上哭，医生说，女孩儿。我急切地想听到她的哭声，寻思她怎么还不哭啊，这时孩子哭了一声，声音很轻，接着嗓门越哭越洪亮。

我想看到她，于是使劲儿扭头过去，医生说别动，先缝合，一会儿宝宝洗完给你抱过来看。接下来的缝合一点感觉都没有，大概缝了三十分钟，我一直缠着医生问各种问题，直到她们都让我别说话多休息。可我还是没法休息，只想着终于可以出去看宝宝了，但一直没有哭。

孩子被推出去洗。推出去的时候，外面焦急等待的所有家人都拥上来看孩子，爸爸妈妈公公婆婆他们都去抱孩子了。踩生人甘薇也去抱了宝宝，她跑回来开心地跟我说："宝宝可白了，白里透红的，我觉得宝宝将来一准是那种很文艺范的淑女。"

后来我问亮亮，你那时候什么感受呀？他说："我心里在想，快点吧，快点拿出来，缝上，快快！你知道吗？我特别着急。在冰冷的手术室里感觉太煎熬了，那么冰冷的手术室，跟想象中的完全不一样，这是在做一个大手术，开膛破肚，不像电视里演得很温暖、洁白，完全两码事。你躺在那儿，旁边全是那种铁的、钢筋的东西，让我特别没有安全感，那会儿还真没太想孩子，就一门心思想着，得把你的命保住了，先把你的命保住，一定得平安。说实话，那时候我也挺害怕的，我看了一下造影，还有一个布罩在那儿，我吓得够呛。宝宝哭那一声，我还真没顾过来，我就想这一刻我必须得陪着你，我媳妇多可怜啊！我陪着你，也不知道该聊些啥，脑子里想，孩子啥样啊，得看一眼啊。但是我必须得在你身边。然后鼻子酸酸的，又感动又激动又心疼。你被推出来的时候，脸都是苍白的，流了那么多血。"

他始终陪着我，轻轻地握着我的手，还心疼地望着我。我虚弱地说了一句："过去看看孩子啊。"他马上如梦初醒似的答应："哎！"

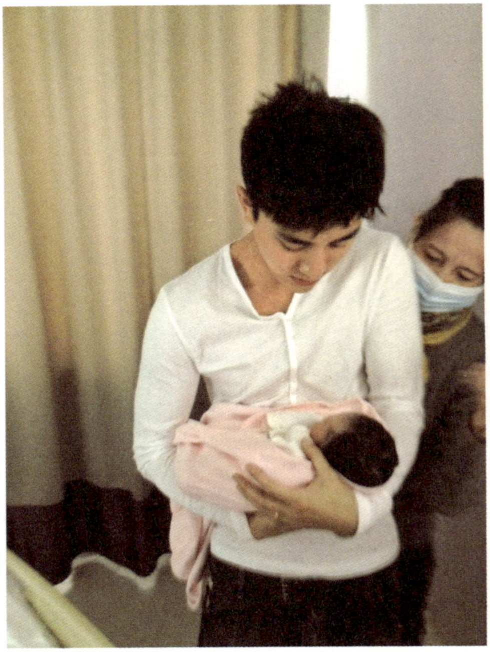

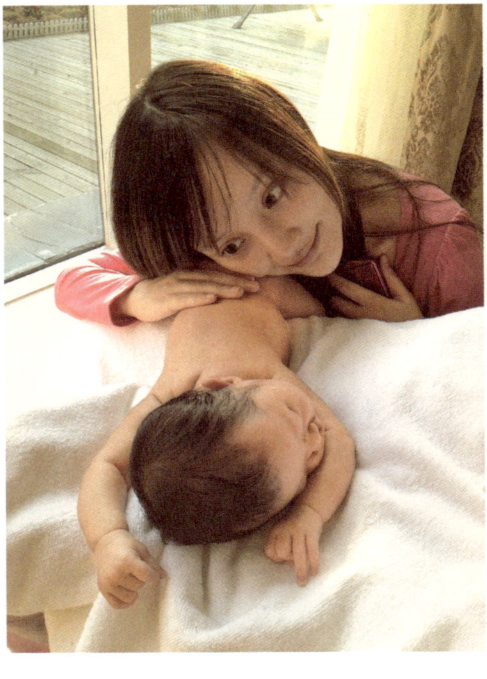

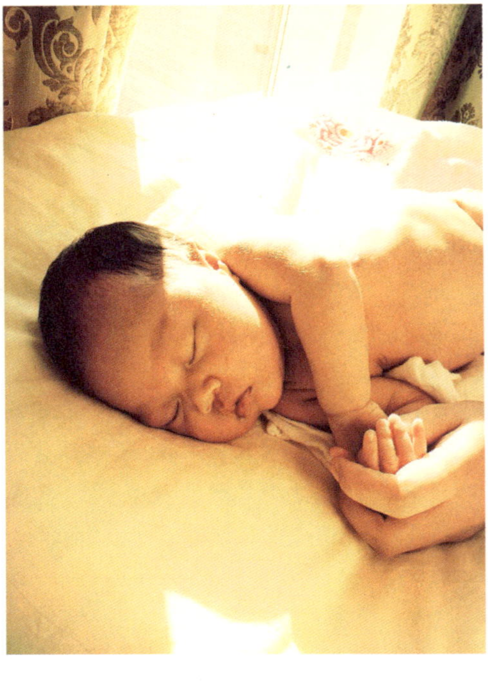

第一次亲密接触

这时宝宝洗好了，护士把她抱了过来。看到宝宝的那一刹那，真的还没有太多母爱，只是特别好奇，怎么那么大一个红红的小孩儿能从我肚子里出来？亮亮一看，说宝宝怎么跟小肥肠似的。他从来不知道刚生出来的孩子长啥样，我也不知道。

宝宝像一只小青蛙一样，在吐泡泡，特别可爱，粉嘟嘟的，亮亮说她像小螃蟹吐泡泡。

和宝宝待得越久感情越是泛滥，我和老公一起傻傻地看她睡觉，看好久都不厌倦，所以做妈妈的感觉是慢慢培养、慢慢体会的，不是小孩一出生瞬间就会有的。我忍不住吻了她，当我第一次吻到她小嘴、第一次接触到她的肌肤，那感觉既近又远，跟做梦似的，我的心变得好柔软，幸福到无法形容。

房间里静静的，我们三个人，他搂着我和宝宝，那一幕至今想来还是那么温馨和难忘。

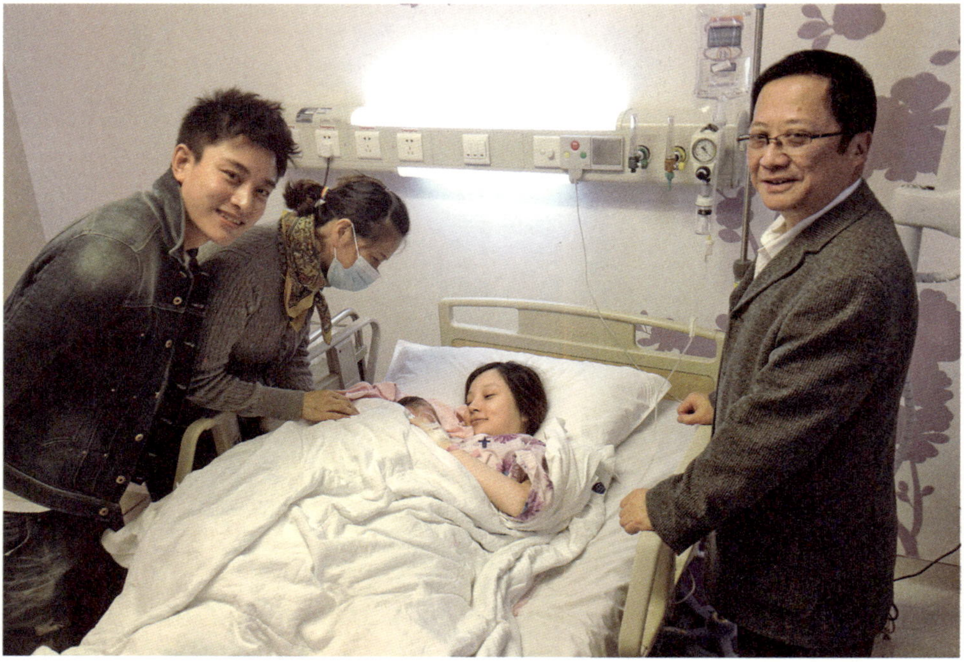

当时我们只顾着看宝宝，什么都忘记了，后来才想起来感谢医生和护士，从心里特别感谢他们，没有他们的尽职尽责，哪有我们现在的幸福。

宝宝是我们的骨血，是辛辛苦苦孕育了十个月的爱的结晶，我们有一辈子的父女、母女缘分。

全家人都特别激动，公公婆婆抱着她已经爱不释手了，宝宝小小的，软软的，特别惹人怜爱。爸爸妈妈看我出来了，摸了摸我的手，妈妈掉了好多好多的眼泪，我知道他们是心疼我。

他们关切的表情、湿润的眼角，我不忍心再看了。

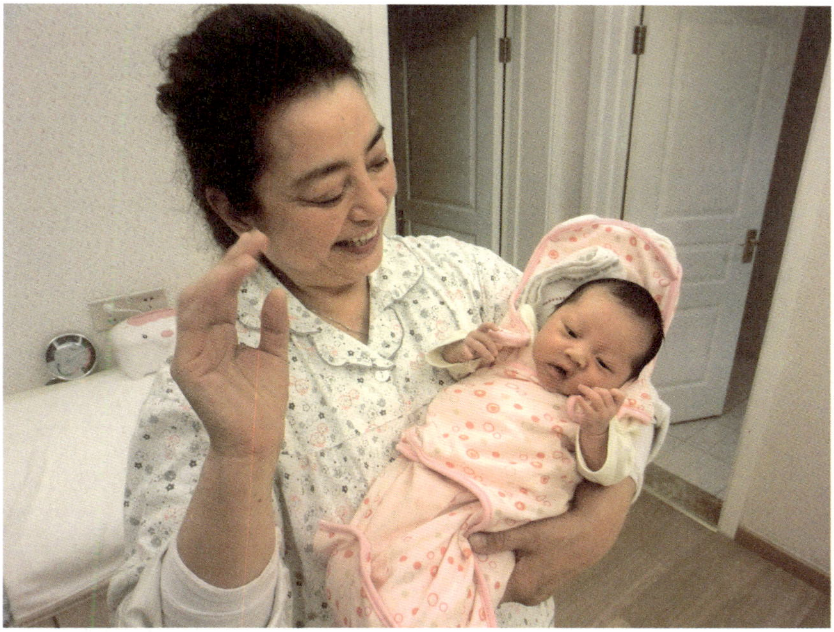

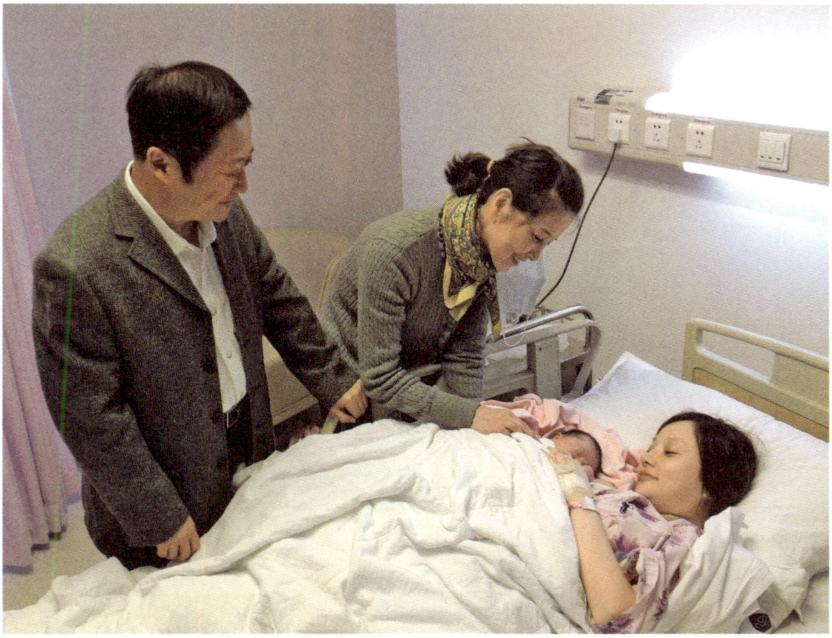

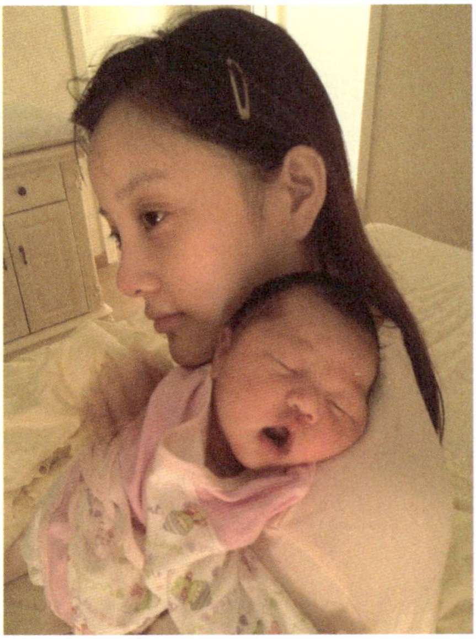

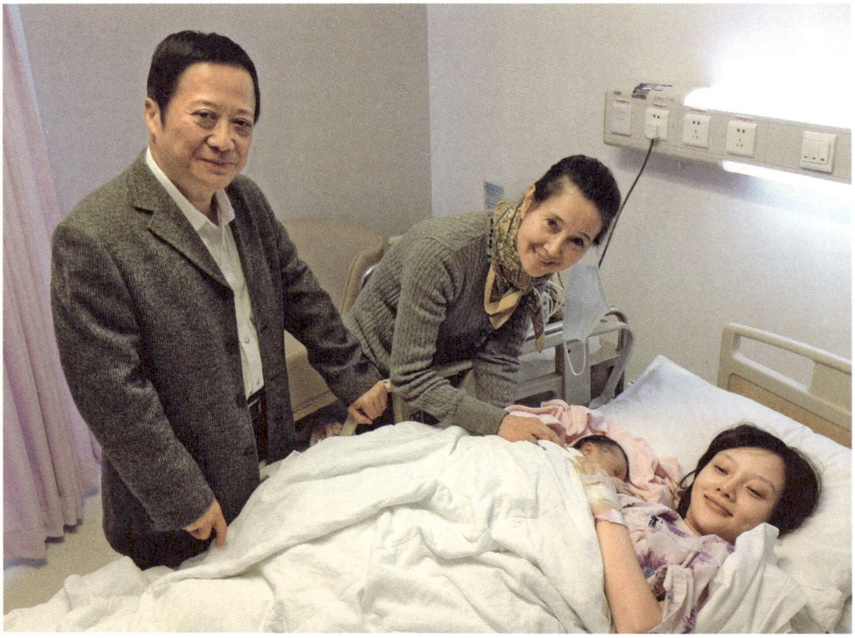

珍贵的初乳

生完宝宝之后，我的大脑一直很兴奋。亮亮让我休息会儿，可是我怎么都睡不着，一直幸福地看着躺在身边的宝宝。

每个刚做母亲的人，看到自己千辛万苦生下来的柔弱小生命，都会感觉自己的心瞬间就融化了吧。

出生不到半小时，护士就让小家伙吸吮我的初乳。

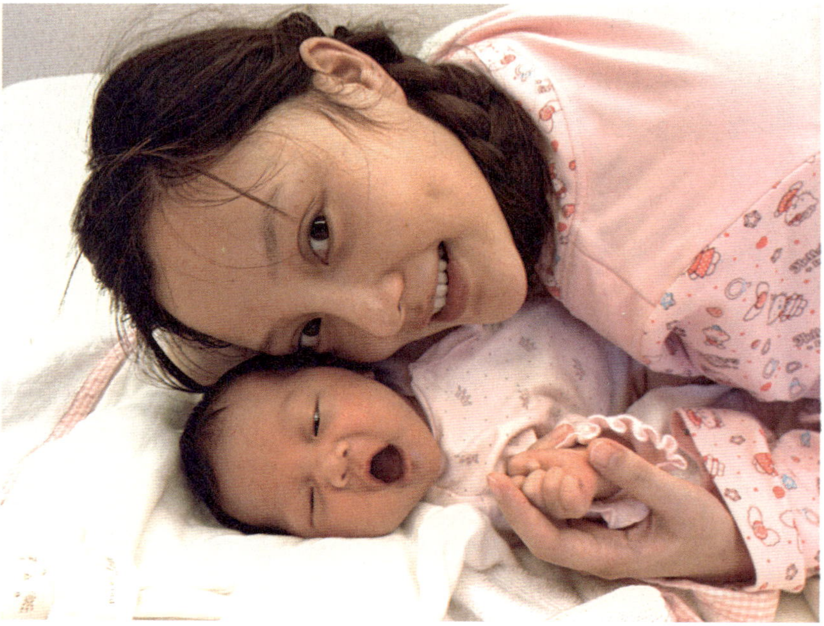

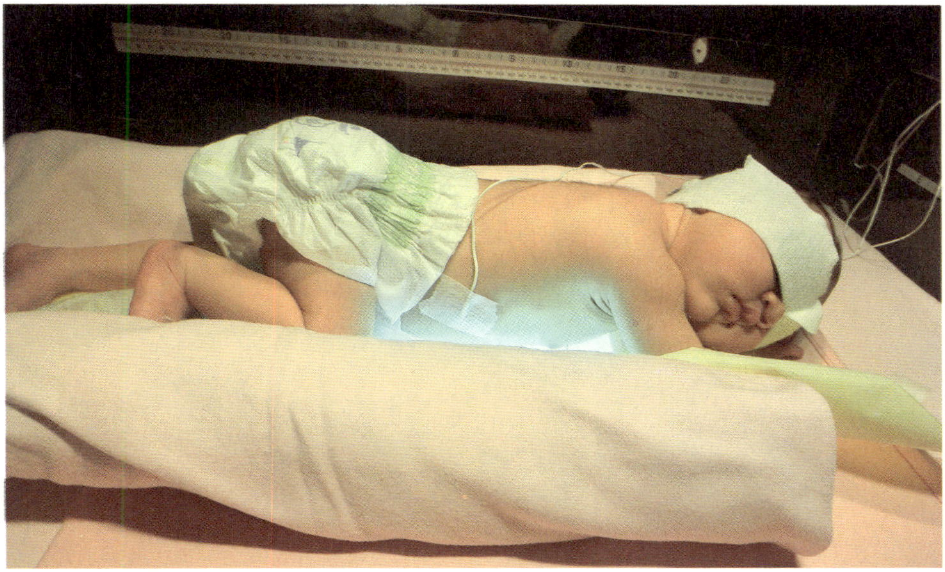

宝宝跟饿急了似的趴在乳房上吮吸，我真想让自己瞬间变成一头大奶牛，分泌出很多很多香甜的乳汁，把她喂得饱饱的。可是乳汁就是下不来。

第二天催乳师过来了，用按摩和汤药饮食配合给我催奶，但是奶水还不是很多。

宝宝一直哭，不停地哭，一会儿嘬一下，一会儿嘬一下。还没吃到乳汁，黄疸出来了，然后她就被送去晒灯。

我特别难过，她还那么小，就要被放在“夏威夷沙滩上”暴晒，而且要晒八个小时。

那个时候真是心急如焚，埋怨自己怎么就不下奶呢。好多新手妈妈大概也有这种体验，有些妈妈看到宝宝不停地哭，体重下降，顶不住压力就改奶粉喂养了。

但我很执着，一定要坚持纯母乳喂养。坚持到第三天，盼望已久的乳汁终于来了。

宝宝好不容易盼来了初乳，只是这初乳有点稀，好像比清水稠不了多少。我心里又犯嘀咕了，这水一样的乳汁能满足宝宝的营养需求吗？要不要加点奶粉补充营养？

医生马上和我讲，其实刚出生的宝宝胃容量是很小的，只有几毫升，一点点初乳都足以满足他们的需求。

初乳无论多清淡，都是非常珍贵的初乳！

有的妈妈觉得初乳脏，或者没有营养价值，都倒掉了，非常可惜。初乳所含有的营养成分和抗体都是普通母乳所无法比拟的，所以不管怎样，初乳都一定要喂给自己的宝宝吃，吃了全部初乳的宝宝，免疫力会更强。

我在床上蓬头垢面地抱着宝宝喂奶的样子，妈妈还录了一段视频做纪念。那时候哪有精力顾及自己的形象呢，一门心思只想着怎么哺育好她。

Don't forget!

孕妇刚经历完分娩这样的大事，身体是需要时间恢复和调整的，虽然它还没有做好充分的泌乳准备，但是千万不能怀疑自己的哺乳能力，只要你坚持让宝宝吮吸你的乳头，要不了多久你就会变成一头“大奶牛”的。

宝宝在来到这个世界的头几天需要排出一些由宫内带出来的废弃物质，体重降低一些是很正常的。

在乳汁到来之前，只需要给宝宝喂一些白开水，听着很残忍，但是这不会饿坏他们的。

首　日

宝宝来到这个世界的第一个夜晚，大家是在震天响的哭声中度过的。

亮亮和我都快要崩溃了，这就是我们未来的生活啊！

满满一屋子人轮流守候着宝宝，婆婆在，妈妈在，亮亮在，还有好多其他人，谁都搞不定一个刚出生的小婴儿。大家哄着夜啼的宝宝好不容易睡着，刚轻手轻脚地把她放回去，她好像什么都知道似的，马上开始哇哇大哭。到了后半夜，宝宝还在哭，满屋子的人一大片都累趴下了。

这时我把宝宝轻轻地抱过来，她刚一来到我身边就不哭了。我搂着她，她立刻变得很乖，安安静静地睡到了清晨。我别提多得意了，觉得自己太伟大了，我是妈妈了，宝宝就听我一个人的。

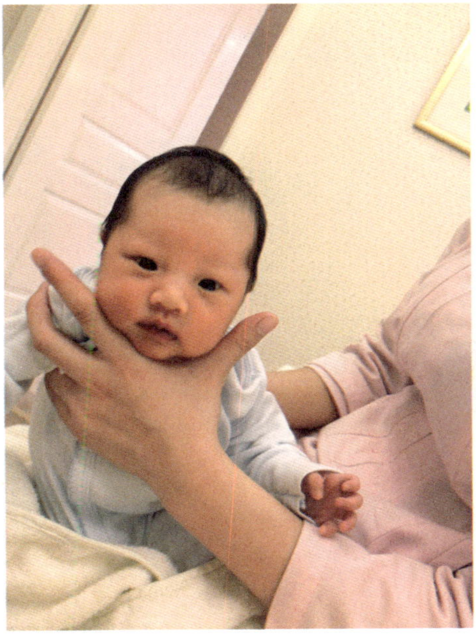

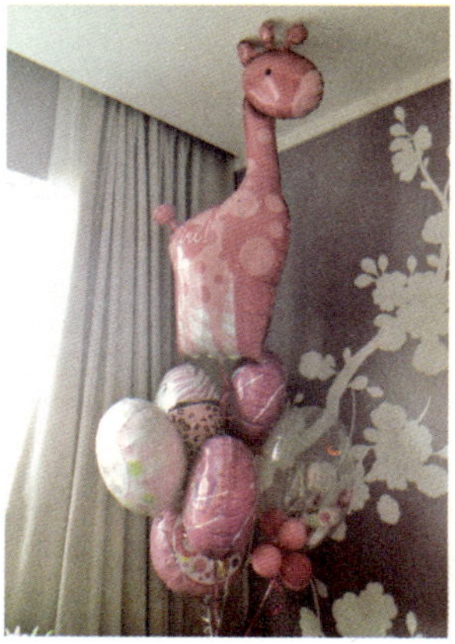

生完当天，所有的朋友都来看望我们了，他们见到我和宝宝母女平安特别开心。

董璇和熊乃瑾见到我哭了，她们特别心疼我，是首先奔着我来了。那个时候大家肯定都是奔着宝宝去的嘛，因为第一次见我女儿，而这两个好姐妹是冲着我过来的。

无论如何，大家都让我特别感动，这种感动我永远记在心中。

产后恢复

剖宫产后第二天，医生让我下床走动，说这样才不会有粘连，而我因为要母乳喂养宝宝，所以一直没有用任何止痛的药物。

准备起来走动的时候，第一次感觉到什么叫痛不欲生，站在那儿，我感到自己的内脏器官在往下流，非常非常痛苦。

我蜷缩坐在床边，躺也躺不下去，站也站不起来，疼得我直哭。妈妈看我这么疼，心疼得直掉眼泪。我不能笑，不能咳嗽，不能洗澡，这些都会让我很疼很疼。我再不想生孩子了，实在太痛了。

月子餐是吃完全没有味道的，不管是饭还是汤统统没有加盐。有一次亮亮尝了尝我的饭，惊讶地说："真是一点味道都没有啊！真不好吃。"

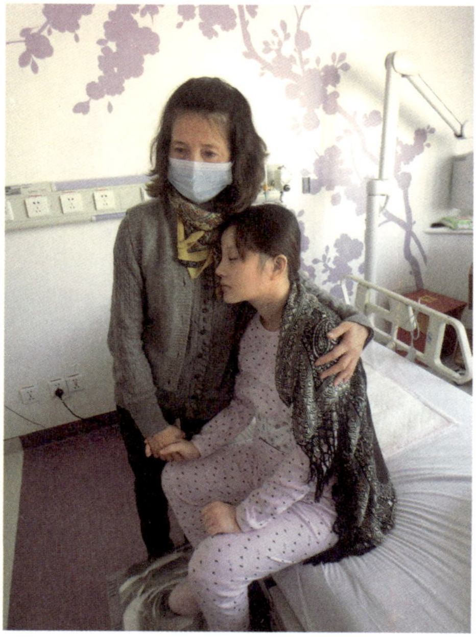

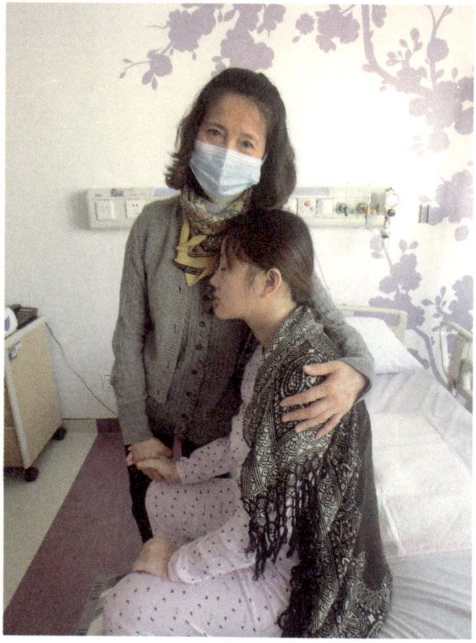

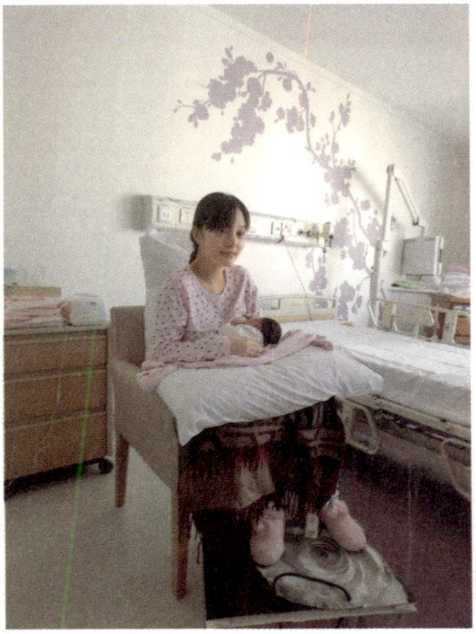

产后恢复上我的经验是老姜可以暖子宫、排恶露，而且不影响伤口的愈合，是坐月子的必备，给产妇做汤和饭菜的时候可以加些姜。

在产妇子宫收缩的重要阶段，一定要多休息，不要让自己太疲劳，以免留下后遗症。

产后妈妈常常出现腰部酸痛，因为照顾婴儿的很多事情都需要腰部使劲儿。抱着宝宝哺乳时，可以坐在椅子上，腰部用靠垫垫起来；替婴儿洗澡的时候，可以拿矮凳坐；换尿布时，可以侧坐在床上，避免弯腰，防止腰椎发炎。

坐月子的时候我还绑了腹带，我觉得绑腹带对我来说还是很有帮助的。因为怀孕的时候肚子很大，而且我是剖宫产，下床时感觉自己肚子很松，里面的器官会往下掉。但绑好腹带以后，立马感觉腹部被固定起来，肚子收了回去，器官也各归各位了，所以当时绑完觉得特别有效果。

不过也有医生不建议产妇绑收腹带，我觉得这种东西要因人而异，产后妈妈可以根据自己的情况而定。

Don't forget!

很多产妇坐完月子，自以为一切正常，就表示身体已康复了。然而十个月的怀孕期，胎儿对母亲的身体而言，是一个很大的负担，生产的过程又是个风险，也对身体有伤害。

虽然经过月子的调养，但并不是每一个人都能完全恢复的，所以做产后检查是非常重要的事。

经由产科医生的检查，可以知道子宫收缩的情形如何，腹部或会阴的伤口是否愈合良好，子宫颈有没有发炎，阴道分泌物的颜色和量是否正常等。

如果怀孕期间有并发症，如妊娠高血压、妊娠糖尿病、妊娠毒血症，或者以前就有肾病、心脏病、肝病等，产后更需要去医院检查身体。

吃奶的劲儿

真正做了妈妈以后才知道当妈有多不容易，伤口和体力都还没有恢复，就要开始给孩子喂奶，晚上也要喂，睡个好觉成为一种奢望，体力又在不断大量地消耗。

别看宝宝那么小，吃奶的劲儿可不小，当时我两边的乳房全都被宝宝吸破了，钻心似的疼。伤口好不容易恢复一点点，一喂宝宝，又被吸破了。每次我抱着她喂她的时候，都觉得她像一个调皮捣蛋的小恶魔；可每次又好像饿极了似的，嗷嗷待哺，又那么可人。

经常喂奶喂得我咬紧牙关，她开始吸吮的瞬间我还得倒吸一口气，抱着她小心地挨过去，她一嘬我“噌”一下就疼疯了。终于理解了“使出吃奶的劲儿”这句话的含义了。这种经历，不当妈妈是绝对想不到的，喂奶原来这么疼。

那会儿也一点都顾不上自己的形象了，乳房疼，伤口也疼，然后还得下床上厕所，必须要通便。可是两边的胸沾着一点什么东西都痛，只好晾在外边，被人架着走。

现在想起来还忍俊不禁，唯一的信念就是接下来的日子要像一头大奶牛一样给宝宝喂奶。

用什么方法能让乳房的伤口好得快一点，催乳师告诉我一个小窍门：

拿香油和冰糖蒸化了以后，挤几滴柠檬在上面，然后涂在胸上，会有些帮助。

母乳一定是上天的礼物，它不仅喂养了宝宝，更是妈妈的心理慰藉。宝宝喝着妈妈的乳汁，长得好快，每天都有新的的变化令我们惊喜。

真舍不得女儿长这样快，虽然给她哺乳有说不出的疼痛和辛苦，但是还是十分珍惜每一个和她紧紧依偎，心贴心地连接在一起的日子。

宝宝，妈妈唯一能做的就是和你形影不离，在你需要我的时候，我就在你的身边。

产后乳房的护理：

每天用温水清洗乳头，检查并保护乳头，避免损伤。

乳头平坦或凹陷，产前又未加以纠正者，产后必须给予特殊的指导，通过吸吮得到纠正。

产后要早吸吮。分娩后30分钟，母婴裸体皮肤接触并让婴儿吸吮30分钟以上。早吸吮有利于早分泌乳汁、多分泌乳汁，也有利于乳房的健康和子宫的收缩。

根据具体情况选择正确的喂奶方式，一般常用坐式、侧卧式、环抱式等。正确的喂奶姿势有利于防止乳头疾病的发生。

根据婴儿需要随时哺乳。每次喂奶后应将乳汁排空，若有淤积应及时借助吸奶器或按摩排出乳汁，防止乳腺炎的发生。

注意婴儿口腔卫生，如有乳头破损，要停止喂奶并及时治疗。

哺乳期妇女应注意休息，保持精神愉快，增强全身抵抗力，减少乳腺炎的发生。一旦发现乳腺炎要及时去医院在医生指导下治疗。

管住嘴迈开腿

好多产后妈妈问我恢复怎么那么快，用什么办法能这么快就减掉了怀孕期间增加的体重？

我一直遵循的原则就是少吃多餐，加上适量的运动，俗语叫“管住嘴迈开腿”。

饮食方面，产后尤其是月子期间，注意饮食的调理，保持营养均衡，食物宜清淡，少吃甜食和淀粉类食物，以降低热量吸收，多补充钙、铁以及复合维生素。科学地去饮食，既能摄取到身体所必需的营养元素，又有利于控制体重，恢复身材。

运动方面也要注意自己的身体状况，刚生产完的产妇，筋骨都还处于极度脆弱、松散的状态，瘦身不能操之过急，不能为了身材刚生产完就去做剧烈运动，应该要随着身体复原的进度循序渐进。满三个月后，才能跳操、游泳、慢跑。每天运动要适度，主要是持之以恒才能有效。

除运动以外，还要放松心情。我做过产后Spa，但是说实话，做产后Spa，不是为了瘦身，更多的是为了放松。每次去做Spa很花时间，因为中途还要吸一次奶，但是每次做完，都会感到身体很舒服、很放松。

不知其他产后妈妈有没有体验，其实瘦身最有效的方法还是坚持喂奶，而且一举两得，不仅对宝宝成长好，自己也能很快地恢复身体。

以前瘦身是为了上镜漂亮，现在是为了做辣妈，以后和女儿做好姐妹一起出街。

到那个时候，我就可以陪着女儿一起快乐奔跑，她会为妈妈骄傲的！

Don't forget!

李小璐独家一周月子餐						
月	早餐	加餐	午餐	加餐	晚餐	加餐
日／第 8天	五谷杂粮粥 醪糟蛋 三鲜包	精美糕点 豆浆 水果	二米饭 虫草花排骨汤 茼蒿菜炒牛肉 玉米笋炒芥蓝	精美糕点 酸奶 干果	黑豆饭 老鸭汤 葱爆羊肉 荷兰豆炒西芹	精美糕点 牛奶 蒸铁棍山药
日／第 9天	老汤小白菜馄饨 香菇末蒸蛋 黑豆料理	精美糕点 豆浆 水果	花生红豆米饭 归芪羊肉汤 开边龙虾仔 油焖木耳茭白	精美糕点 酸奶 干果	紫米饭 大枣猪心汤 西兰花炒虾仁 麻油苋菜	精美糕点 牛奶 玉米蛋花羹
日／第 10天	青菜粥 醪糟蛋 荤素包	精美糕点 豆浆 水果	薏米饭 当归黄芪煲老鸡汤 荷兰豆炒鹌鹑蛋 麻油油麦菜	精美糕点 酸奶 干果	糯米饭 杜仲莲藕猪尾汤 彩椒蒸鸡肉玉米粒 西芹百合小炒	精美糕点 牛奶 茯苓红豆羹
日／第 11天	老汤菠菜肉末面 煮蛋 木瓜炖雪蛤	精美糕点 豆浆 水果	红豆米饭 归杞裙边汤 麻油猪心 上汤香菇豌豆尖	精美糕点 酸奶 干果	薏米饭 赤小豆鲤鱼汤 莴笋胡萝卜炒鸡蛋 肉末五彩蒸豆腐	精美糕点 牛奶 枣泥核桃酪
日／第 12天	瘦肉粥 豆沙包 醪糟蛋	精美糕点 豆浆 水果	糙米饭 烩三丝鱼翅汤 芥蓝炒虾仁 香鲍菇炒芦笋	精美糕点 酸奶 干果	糯米饭 清蒸武昌鱼 猪肝枸杞菠菜汤 蒸南瓜百合	精美糕点 牛奶 黑豆料理
日／第 13天	苋菜粥 酒糖荷包蛋 玫瑰花卷	精美糕点 豆浆 水果	薏米饭 黄豆炖猪蹄 山药木耳炒鸡丁 麻油茼蒿	精美糕点 酸奶 干果	红豆饭 西洋参甲鱼汤 肉片炒豆角 上汤娃娃菜	精美糕点 牛奶 枸杞杏仁酪
日／第 14天	八宝粥 煮鸡蛋 鲜虾包	精美糕点 豆浆 水果	黑豆饭 归枸乌鸡汤 杜仲腰花 蒜茸西兰花	精美糕点 酸奶 干果	糯米饭 通草鲶鱼炖茄子汤 平菇蒸肚片 蚝油油麦菜	精美糕点 牛奶 枣杞银耳羹

月子期第二周月子餐，第二周主要是温补，经过上一周的生理恢复和排毒，第二周以加强器官恢复为主，加强子宫复旧、骨盆腔复旧、腹壁恢复、会阴伤口（手术刀口）恢复及其他器官恢复的力度。

坐好月子

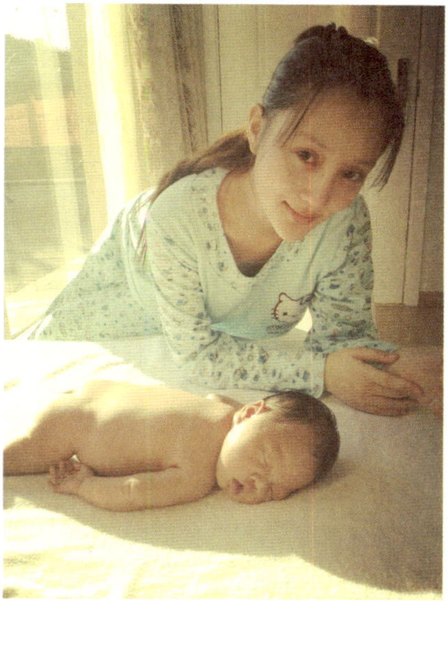

老家人讲究坐月子，以前以为是迷信，真正过来了，才知道坐月子对女人来说，确实是一个特别好的改善体质的时机。坐月子还是有一定道理的。

听妈妈的话，按照老家人的做法，我坐了一个中规中矩的月子，不足月子不出门。坐月子的时候，不能受风受凉，不能碰冷水，即使在夏天，洗手都要用温水，洗头洗澡时还要用老姜。但是室内还是应该经常通点风，不能总是紧闭门窗，尤其在夏天，一定要小心中暑。另外，还要多喝些汤水滋补，排骨汤、乌鸡汤、鲫鱼汤等，对身体和皮肤都会特别好。

产后我不太顾得上护理皮肤了，宝宝已经占用了最大的精力。不过我一直坚持用温水洗脸，孕期我已慢慢地酌情减少皮肤保养品的用量。太多保养成分会减弱肌肤的吸收力，这时候为肌肤放个假，让皮肤自然地回复对护肤品的敏感。一切再重新启动，反而会收到意想不到的惊喜。

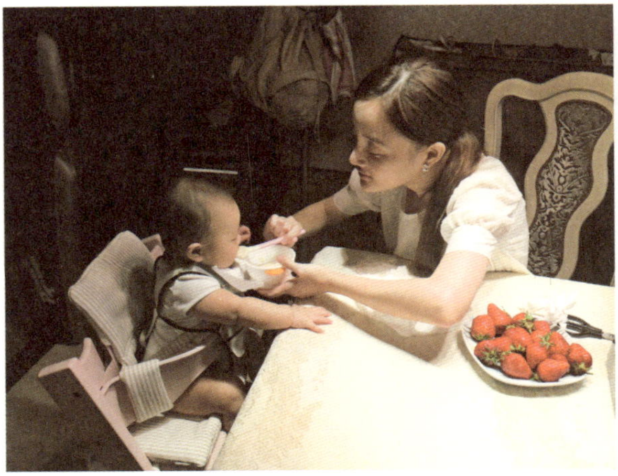

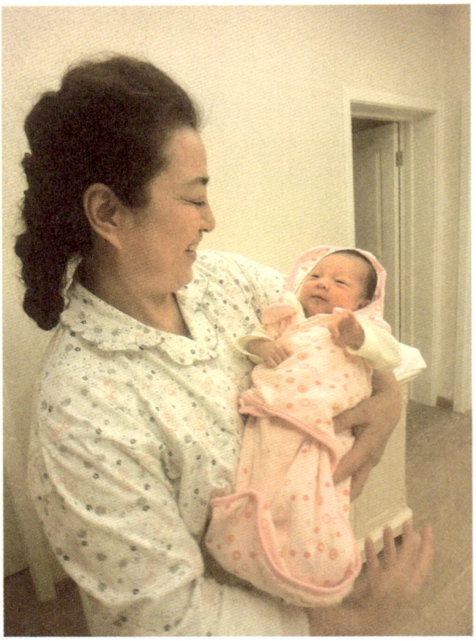

坐月子的最大目的是让产后妈妈有足够的休息和充分的营养，使体力和精神早日恢复。产后妈妈需要家人或者月嫂帮忙照顾婴儿，如果过度劳累，没有办法养好身体，会为以后埋下隐患。

这个时候，家人一定要给产后妈妈更多的关爱和呵护，让她们坐一个健康快乐的月子。

Don't forget!

最理想的坐月子时间是两三个月，产妇要充分了解到这个假期的重要性，把自己当成主角，把健康摆在第一位。

由于孕妇的身体担负着供给胎儿生长发育所需营养的重大责任，各个系统和器官都发生一系列适应性的变化，包括心肺负担增大，肾脏的负荷加重，其他如肠胃、关节、韧带、内分泌、皮肤等也都会改变，在生产后必须要有较长时间的休息、调养，甚至治疗才能恢复。

最幸福的事

很多父母给孩子取名字，都有一些期许，然后顺着这个期许去起好听的名字。

我们给女儿取名叫甜馨，就是希望她像甜心一样，甜蜜温馨，一直给人很贴心、很暖心的感觉。

女儿性格好是我们最大的愿望。不想给她过大的压力，只要她开朗、自信、豁达。不求她能得全班第一名，也不求她将来出人头地，赚很多很多的钱，只希望她有一个快乐的童年，长大后善良、正直、有爱心。

曾经有人说，我生了宝宝可能会被银幕遗忘，生了宝宝我的青春和清纯就不在了，生了宝宝很多人就不会再请我演戏了。

可是我觉得，这辈子最不后悔的事就是有了宝宝。我爱甜馨，我想把所有的爱都给她；也更爱老公，感谢他给了我这个完整幸福的家庭。

女生的长大成熟一定是在当了妈妈以后。当了妈妈，我对这个世界的认识更深刻了，对一些人和事会更加包容,也会看得更明白。自从有了她，我对生命有了全新的定义，有了更多对生活的感悟，演戏的时候也更能理解人物的情感。而且和她一起成长，我又找回了自己的童真。

我更丰富了，也更青春了，我还是那个对生活充满希望的我。

自从有了甜馨，连在外面吃东西，我都会想着快点吃完飞奔回家！去逛街，也没有以前那么兴奋了，现在的兴奋点都在给甜馨买衣服。

看到小甜馨哭得嗓子都哑了，我会心疼地抱她一整天，肩膀、手臂都酸得抬不起来了，也会充满毅力地抱着她，哄她入睡。只要宝宝陪着我，足不出户也不会感到一丝无聊。

有了甜馨，一切都是新奇的、鲜艳的、美丽的，连世界似乎都比从前更温暖了。

我总是如数家珍地和别人聊到我的宝贝女儿，我说她喜欢爸爸逗逗飞，喜欢抓妈妈的长头发，喜欢吃奶的时候笑出声，被别人抱走的时候会使劲拽着我的衣服，不想被分开。

老公也深爱着甜馨，他说："十个男孩也不换一个女孩，女儿太贴心了。她冲你'嗳'那样一笑，那种柔情做爸爸的真是毫无抵抗力啊。她穿着蓬蓬的小裙子，挂在你脖子上撒娇的模样，真是太乖了！"

亮亮总捧着甜馨的小脚丫亲，边亲边喊："臭，臭。"可是越臭他越亲，还亲得越香，甜馨被他逗得"咯咯咯"地笑。

甜馨会冲着我们笑了，她会翻身了，会坐起了，会爬了，吃奶的时候还会变换各种高难度的动作了，她会喊爸爸妈妈了。

每一个第一次对我们来说都是那么那么感动，那么那么宝贵，那么那么暖心！

这几天甜馨会走了，我特别特别激动，女儿的每一个变化、每一次长大都让我想起来就会瞬间热泪盈眶。

有一次在电影院看《北京遇上西雅图》，演到生宝宝的场景，我再也抑制不住自己的感情，直到哭红了双眼。回到家，我紧紧地抱着甜馨，一种浓浓的母爱在心里汹涌。

人家常说“不养儿不知父母恩”，自从有了自己的孩子，对父母的感情也更厚重了。

当年生下我没多久，妈妈就去拍戏了，一走就是三四个月。那个年代，通讯、交通各方面都不发达。

我问她：“妈，那时候你是怎么熬过来的？要是我，真的离不开宝宝，现在跟甜馨分开一天，我都很想很想她。”

妈妈深叹了一口气说：“当时我就想，如果我不挣钱，怎么能把你养活得更好？而且那个年代，怎么讲呢，也算是国家级别的演员，那时候是很讲究组织和纪律的。那会儿人都比较单纯，有工作任务在身，也就想不了那么多了，就那样熬过来了。但是妈妈确实特别想你，很想很想，想得一个人偷偷抹眼泪。”

爸爸妈妈经常给我讲，那个时候没有条件请保姆，只能他们俩照顾我。两个人白天要上班，夜里来回倒着班给我换尿布，经常换着换着就睡着了。

忽然一惊醒才发现，我还光着屁股在那儿躺着，自己手里拿着干净的尿布没给我换上，脏的还在那儿。他们说我现在的生活已经很幸福了。

我有一个非常在乎我的爸爸，他是我的天，我的地，是我咬牙切齿，却又牵肠挂肚的人。世界上最痛苦，也是最幸福的事，就是和他“吵嘴”，因为他什么事都要牵挂，上到国家大事、小到鸡毛蒜皮，他总是倔强地“掌控”着我，让我有无限的依赖。可是他的豆腐心却是我的软肋，我最大的心愿就是：老爸，放下操劳的心，我来给你幸福！

妈妈虽然常年在美国，但我知道我是她最深的惦记。慈母手中线，游子身上衣。临行密密缝，意恐迟迟归。谁言寸草心，报得三春晖。孩子总要母亲担心、着急，无论我遇到什么困难，母亲永远在我的身后，永远支持我、帮助我、温暖我。

今天和妈妈通电话的时候，她还不停嘱咐我多穿衣服，不要着凉，工作别太劳累，因为心疼我的身体她还哭了。天下的父母谁不疼自己的孩子呢？

生下宝宝以后，我才深刻理解什么是血浓于水，才充分感受到骨肉至亲多么难以割舍，血脉亲情才是世间无与伦比的美丽。

这一年，对我来说是那么的不寻常！

我的身份有了巨大的改变，不仅变成了爱人的妻子，还进入人生中重要的角色——妈妈！

想到这些生命里最重要、最在乎的人，我时常会甜甜地微笑，会觉得浑身充满了奋斗的能量。

我感恩生活，感恩命运，感谢生命赋予我的责任，这是一种既艰巨又甜蜜的幸福！

感谢生活让我成为了一个完整的女人！

图书在版编目（CIP）数据

轻诉：李小璐好孕40周/李小璐 著. —北京：东方出版社，2014.1
ISBN 978-7-5060-7157-4

Ⅰ.①轻… Ⅱ.①李… Ⅲ.①妊娠期－妇幼保健－基本知识②李小璐－生平事迹 Ⅳ.①R715.3②K825.78

中国版本图书馆CIP数据核字(2013)第319966号

轻诉：李小璐好孕40周
(QINGSU:LI XIAOLU HAOYUN 40 ZHOU)

作　　者：李小璐
策 划 人：刘雯娜
责任编辑：许　诺　郝　苗
出　　版：东方出版社
发　　行：人民东方出版传媒有限公司
地　　址：北京市东城区朝阳门内大街166号
邮政编码：100706
印　　刷：北京市雅迪彩色印刷有限公司
版　　次：2014年3月第1版
印　　次：2014年4月第2次印刷
印　　数：40 001—60 000册
开　　本：710毫米×960毫米　1/16
印　　张：12
字　　数：150千字
书　　号：ISBN 978-7-5060-7157-4
定　　价：38.00元
发行电话：(010) 65210056 65210060
(010) 65210062 65210063

图书在版编目（CIP）数据

京文育儿智：3岁前决定IQ&EQ / 赵京文 著. —北京：东方出版社，2012.5
ISBN 978-7-5060-4696-1

Ⅰ.①京… Ⅱ.①赵… Ⅲ.①婴幼儿—智力开发 Ⅳ.①G610

中国版本图书馆CIP数据核字（2012）第088718号

京文育儿智：3岁前决定IQ&EQ
(JINGWEN YUER ZHI: 3SUIQIAN JUEDING IQ&EQ)

作　　者：赵京文
责任编辑：姬　利　杜晓花
出　　版：东方出版社
发　　行：人民东方出版传媒有限公司
地　　址：北京市东城区朝阳门内大街166号
邮政编码：100706
印　　刷：小森印刷（北京）有限公司
版　　次：2012年6月第1版
印　　次：2012年6月第1次印刷
印　　数：1—7000册
开　　本：720毫米 × 970毫米　1/16
印　　张：13.5
字　　数：82千字
书　　号：ISBN 978-7-5060-4696-1
定　　价：35.00元
发行电话：（010）65210059　65210060　65210062　65210063